# DITADOS POPULARES
## SABEDORIA DE GERAÇÕES

# CLÁUDIO MARTINS NOGUEIRA

*Prefácio*
Luís Cláudio Rodrigues Ferreira

# DITADOS POPULARES
## SABEDORIA DE GERAÇÕES

1ª Reimpressão

Belo Horizonte

2022

© 2021 Editora Fórum Ltda.
2022 1ª Reimpressão
Este livro, ou parte dele, pode ser reproduzido por qualquer meio sem autorização escrita do editor, desde que citada a fonte.

Luís Cláudio Rodrigues Ferreira
Presidente e Editor

Coordenação editorial: Leonardo Eustáquio Siqueira Araújo
Aline Sobreira de Oliveira

Editora Fórum Ltda.

Rua Paulo Ribeiro Bastos, 211 – Jardim Atlântico – CEP 31710-430
Belo Horizonte – Minas Gerais – Tel.: (31) 2121.4900
www.editoraforum.com.br – editoraforum@editoraforum.com.br

Técnica. Empenho. Zelo. Esses foram alguns dos cuidados aplicados na edição desta obra. No entanto, podem ocorrer erros de impressão, digitação ou mesmo restar alguma dúvida conceitual. Caso se constate algo assim, solicitamos a gentileza de nos comunicar através do *e-mail* editorial@editoraforum.com.br para que possamos esclarecer, no que couber. A sua contribuição é muito importante para mantermos a excelência editorial. A Editora Fórum agradece a sua contribuição.

Dados Internacionais de Catalogação na Publicação (CIP) de acordo com a AACR2

---

N778d    Nogueira, Cláudio Martins

Ditados Populares: sabedoria de gerações / Cláudio Martins Nogueira. 1. Reimpressão. – Belo Horizonte : Fórum Social, 2021.

127 p.; 12x18cm
ISBN: 978-65-5518-108-1

1. Filosofia. 2. Cristianismo. I. Título.

CDD 100
CDU 16

---

Elaborado por Daniela Lopes Duarte - CRB-6/3500

Informação bibliográfica deste livro, conforme a NBR 6023:2018 da Associação Brasileira de Normas Técnicas (ABNT):

NOGUEIRA, Cláudio Martins. *Ditados Populares:* sabedoria de gerações. 1. Reimpr. Belo Horizonte: Fórum Social, 2021. 127 p. ISBN 978-65-5518-108-1.

*A todos os nossos antepassados que, de maneira simples e singela, nos transmitiram tantos ensinamentos maravilhosos.*

*Em particular, aos meus pais (Olinto e Dalila) e aos meus avós e tios. Muitos desses ditados foram aprendidos no convívio com eles.*

## AGRADECIMENTOS

Agradeço a Deus por esta oportunidade.

Agradeço aos meus pais Olinto (*in memoriam*) e Dalila, grandes mestres que me passaram muitos destes ensinamentos. Sem essa escola este livro não existiria.

Ao editor Luis Cláudio Rodrigues Ferreira pelo apoio incondicional ao projeto.

À minha irmã Maria, pela ajuda financeira para a continuidade do nosso trabalho.

*Ditados populares é a simplicidade, a cultura, a arte... É a sabedoria de gerações em poucas palavras.*

# SUMÁRIO

PREFÁCIO
Luís Cláudio Rodrigues Ferreira.............................................15

MENSAGEM
O bem-te-vi.............................................................................17

NOTA DO AUTOR ..................................................................19

CAPÍTULO 1...........................................................................23
01   A colher que sabe do fundo da panela .......................23
02   Deus ajuda quem cedo madruga .................................24
03   Águas passadas não movem moinho ...........................26
04   Água mole em pedra dura tanto bate até que fura ..27
05   A língua é o chicote do corpo......................................29
06   A esmola quando é muita até o santo desconfia ......30
07   Quem não tem cão caça com gato................................31
08   O apressado come cru ...................................................33
09   Não adianta chorar pelo leite derramado..................34
10   Filho de peixe peixinho é.............................................35
11   Diga com quem andas que eu te direis quem és......37
12   O uso do cachimbo que faz a boca torta....................38

CAPÍTULO 2.................................................................41

13 Uma mão lava a outra.................................................41

14 Temos que medir a água com o fubá....................42

15 Tem que ensinar a pescar e não dar o peixe...........45

16 Saco vazio não para em pé.......................................46

17 Vamos devagar com o andor porque o santo
é de barro.....................................................................48

18 Antes só do que mal acompanhado .......................50

19 Santo de casa não faz milagres ..............................51

20 A pressa é inimiga da perfeição..............................52

21 O que não é visto não é desejado – I.......................54

22 Gato escaldado tem medo de água fria – I .............55

23 Gato escaldado tem medo de água fria – II............56

24 Quem fala demais dá bom dia a cavalo..................58


CAPÍTULO 3.................................................................61

25 De grão em grão a galinha enche o papo ...............61

26 Quem não tem pau não monta barraca....................62

27 É dando que se recebe ..............................................63

28 Quem não chora não mama.......................................65

29 Deus dá o frio conforme o cobertor........................66

30 A boca fala daquilo que o coração está cheio ..........67

31 Quando um não quer dois não brigam....................68

32 Costume de casa é que sai à rua ..............................69

33 Em time que está ganhando não se mexe ...............70

34 O que não é visto não é desejado – II ......................72

35 Em terra de cego quem tem um olho é rei...............73

36 O coração dos outros é outro mundo .....................74

# CAPÍTULO 4....................................................................77

| 37 | Um pinto só pia mais do que muitos juntos .............77 |
| 38 | Quem vê cara não vê coração ......................................78 |
| 39 | Antes um pássaro na mão do que dois voando .......79 |
| 40 | Cada macaco no seu galho – I ....................................80 |
| 41 | Carro apertado é que chia............................................81 |
| 42 | O que os olhos não veem o coração não sente.........82 |
| 43 | Há males que vêm para o bem .....................................83 |
| 44 | Deus dá, Deus cria .......................................................84 |
| 45 | O pouco com Deus é muito...........................................85 |
| 46 | O cachorro que late não morde ...................................86 |
| 47 | Tomar a sopa pelas beiradas........................................88 |
| 48 | Quem não arrisca não petisca.....................................89 |

# CAPÍTULO 5....................................................................93

| 49 | Cada macaco no seu galho – II....................................93 |
| 50 | O olho do dono é que engorda o boi ..........................95 |
| 51 | Pardal que acompanha joão-de-barro vira pedreiro .................................................................96 |
| 52 | O pior cego é aquele que não quer ver......................97 |
| 53 | Quem não deve não teme.............................................99 |
| 54 | Quem planta tâmaras não colhe tâmaras.................100 |
| 55 | Amigos, amigos. Negócios à parte ...........................102 |
| 56 | Os fins justificam os meios ........................................103 |
| 57 | A mentira tem pernas curtas......................................105 |
| 58 | Faça do limão uma limonada .....................................106 |
| 59 | Cavalo dado não se olha os dentes............................107 |
| 60 | Um gambá cheira o outro ...........................................109 |

CAPÍTULO 6.................................................................111

61  Quem manda deita na cama........................................111
62  Não se faz omelete sem quebrar os ovos.................112
63  Cada cabeça uma sentença.........................................114
64  Filho criado, trabalho dobrado.................................115
65  É na guerra que se conhece o soldado.....................117
66  Não se cozinha arroz com palavras.........................119
67  Um dia é da caça, outro do caçador.........................121

CONCLUSÃO...........................................................123

LEIA TAMBÉM DO MESMO AUTOR.................................125

## PREFÁCIO

Este é o terceiro livro do Cláudio, assim como chamamos de modo simples o mestre de todos nós! Há trinta anos, Cláudio atua com dependência química; esta experiência lhe deu lastro e ampliou sua ciência da Psicologia humanista. *Ditados Populares*, assim como *O outro lado da droga* e *Preparando seus filhos para a vida* (seus dois primeiros livros), foi gerado do seu belo trabalho como clínico e palestrante registrados no jornal *CriartVida*. Agora, seus milhares de leitores poderão saborear as sabedorias dos ditados populares que são símbolos da cultura popular com uma análise humanística e às vezes crítica feita por quem entende como ninguém da natureza humana.

Como dica de uso do livro, ele não é para ser lido de uma e só uma vez. Tome um ditado popular ou procure aquele que se adapta a você neste momento. Repita-o serenamente. Memorize o pensamento, lembre-se dele, se quiser, comente com alguém. Permita que seu conteúdo e luz trabalhe em você!

Boas leituras, pois este livro mudará seus pensamentos e, como consequência, sua vida e o nosso mundo com a sabedoria de gerações!

**Luís Cláudio Rodrigues Ferreira**
Presidente e editor da Editora Fórum.

MENSAGEM

# O bem-te-vi

*Todas as manhãs, com chuva ou com sol,*
*Um bem-te-vi canta na minha janela,*
*O sol acordando ou a chuva caindo,*
*O bem-te-vi canta a mesma canção.*
*Acordo pensando na alegria daquele pássaro,*
*E me vem um ditado popular:*
*"O pássaro não canta porque é feliz,*
*ele é feliz porque canta."*

## NOTA DO AUTOR

No mundo tecnológico de hoje, percebi que as novas gerações usam pouco os ditados populares. Nós que somos pais e educadores, estamos sendo levados pelas facilidades eletrônicas da atualidade e não estamos passando esta sabedoria para nossos filhos e netos.

No meu consultório, percebo isso com muita clareza nos atendimentos. Notei também que utilizo com frequência os ditados populares para exemplificar minhas colocações e vejo como esse recurso é terapêutico.

Este livro procura exatamente isto. Além de ser um auxiliar em processos terapêuticos através da palavra escrita, é também uma espécie de legado, um "veículo" que vai conduzir os ditados populares das gerações passadas para a geração do presente, levando assim esta mensagem para gerações futuras.

Para ficar mais claro, este livro é como o "bastão" na corrida de revezamento. Passando de mão em mão, vamos mantendo viva a árvore da vida e a conexão com as nossas raízes culturais ficam assim garantidas.

Sempre ao término dos meus atendimentos no meu consultório, meus pacientes iam embora e eu ficava ali pensando no ditado popular que eu tinha citado ou ouvido. Aquilo me incomodava tanto que precisava escrever sobre aquelas reflexões. Foi quando eu tomei a iniciativa de abrir uma coluna no jornal *CriarTVida* para os ditados populares.

Todos os meses, minha cabeça ficava voltada para algum ditado que surgisse, seja eu escutando alguém falando ou mesmo através da minha inspiração e lembranças. Senti na minha própria vida e na dos meus pacientes como a maioria dos ditados populares são importantes para a gente compreender a vida em todos os sentidos.

Alguns ditados populares são providos da cultura da época. Desta maneira, às vezes eles veem com uma carga de preconceito. Aproveitei estas oportunidades até mesmo para questioná-los. Um olhar crítico e atualizado para provocar uma reflexão do nosso leitor.

Assim como os outros dois livros de minha autoria, "O outro lado da droga" e "Preparando seus filhos para a vida – Um guia para os pais", este livro não deve ser lido numa assentada só. Os textos são independentes e cada um tem sua história. Será mais produtivo você ler em grupo ou ler um texto de cada vez e, durante o dia tentar refletir sobre o conteúdo do mesmo.

Às vezes, alguns textos falam do mesmo ditado, porém o conteúdo reflete o estado de espírito do momento que escrevi. Resolvi deixá-los como uma maneira diferente de ler o mesmo ditado.

"As pernas" de um livro são os olhos dos seus leitores. Através deles, o livro penetra a alma do leitor e, de alguma forma, ele passa o conteúdo para outras pessoas e assim milhares de pessoas poderão ter acesso aos nossos ditados belíssimos e cheios de sabedoria popular.

Que este livro possa lhe ajudar a produzir reflexões profundas sobre a sua vida, seus relacionamentos, além de auxiliar no seu processo de autoconhecimento. Obrigado por estar lendo estas palavras.

Certa vez, li na orelha de um livro uma citação de Mário Quintana: "Livros não mudam o mundo, quem muda o mundo são as pessoas. Os livros só mudam as pessoas". Esta é a nossa missão: mudar o mundo através das pessoas, tendo como "armas" os livros.

## CAPÍTULO 1

## 01 A colher que sabe do fundo da panela

Este ditado é rico em sabedoria. Sempre escutei minha mãe dizendo isto. A colher passa anos "passeando" no fundo da panela. Por ser tão íntima, ela conhece todas as crostas, arranhados, amassados e manchas da panela. Só a colher é capaz de perceber as minúcias, os defeitos e as qualidades daquela panela.

De todas as lições que podemos aprender com esse ditado, sem sombra de dúvidas, é o famoso "não julgar". Jesus Cristo já nos alertava sobre isto: "Não julgueis para não seres julgados, pois da mesma maneira que medires, sereis medidos". A psicologia nos convida ainda a procurar um sentido para cada atitude. Para ela, todos nós temos de alguma forma motivos para estarmos agindo desta maneira. Neste sentido, para o psicólogo não existe ou, pelo menos não deveria existir, o julgamento.

Transportando esse olhar para os problemas do cotidiano, é possível perceber que não devemos tomar partido de algo que não conhecemos a fundo. Exemplo clássico é a briga de marido e mulher. Somente os dois que estão envolvidos sabem a fundo as questões que são colocadas. Isto nos remonta ao ditado muito famoso: "Briga de marido e mulher ninguém deve meter a colher". Da mesma forma, quando uma família se depara com um membro desenvolvendo a dependência química, várias pessoas se aproximam para criticar, julgar e buscar responsáveis pelo fato.

Diante disto, a família ou o casal que enfrenta estes desafios deve entender as profundezas afetivas e emocionais envolvidas neste romance familiar. Para isto é imprescindível a ajuda psicológica e de um grupo de ajuda mútua. O profissional vai possibilitar um processo de autoconhecimento, enquanto o grupo dos iguais vai viabilizar um processo de empatia e transferência entre eles de tal maneira que a família se sente confortável, segura e se preparando para tomar as decisões mais corretas.

Portanto, cabe à família procurar ajuda com quem conhece o "fundo da panela". Parar de dar ouvidos a quem nada entende do problema não é falta de educação, mas, sim, prova de muita sabedoria.

## 02 Deus ajuda quem cedo madruga

Este ditado nos convida a refletir sobre a nossa relação com o Poder Superior. Infelizmente muitas pessoas transferem para Deus as consequências dos seus atos. De maneira equivocada, responsabilizam Deus por tudo que acontece em suas vidas. Uma pessoa passa a vida toda jogando fora a maior dádiva que

Deus ofereceu para ela que é o seu tempo e depois não entende porque não teve sorte na vida. Enquanto ele dormia até tarde, o outro estava acordando de madrugada para trabalhar e estudar. Seria uma injustiça se no futuro o preguiçoso fosse bem-sucedido e o esforçado fosse um fracassado.

Meu irmão dizia sempre este versículo da Bíblia: "A fé remove montanhas". De maneira irônica ele acrescentava: "com a ajuda do trator". De forma simples estava explicando o sentido da fé verdadeira, ou seja, aquela que nos mobiliza para o trabalho, para a dedicação e para o serviço de amor ao próximo. Tiago, um dos discípulos de Jesus dizia: "A fé sem obras é morta". Eu acrescento: a fé sem obras não é fé, é alienação. É a crença em um deus mágico que num piscar de olhos vai resolver todos os problemas sem nenhum esforço da parte da pessoa. Pelo que eu saiba, em nenhum momento da Bíblia consta Jesus Cristo oferecendo um "copinho de milagre". Pelo contrário, todas as pessoas que eram abençoadas por um milagre tinham que correr atrás dele. Demonstrar sua disposição para ser digno dele.

*Deus ajuda quem cedo madruga* é uma lei universal. Quando há dedicação a uma causa, o Universo conspira a seu favor. Seus talentos serão ampliados e as portas do mundo serão abertas para você realizar seus sonhos. Dificuldades pelo caminho vão aparecer, mas sua fé vai lhe mobilizar para removê-las, mesmo que para isso você precise alugar um trator e trabalhar de sol a sol para mover as montanhas da vida.

Portanto, se quer receber a ajuda de Deus, acorde cedo e vá trabalhar. Pare de se lamentar da crise, dos problemas e dos obstáculos. Como dizia o poeta: "Não existe vitória sem luta e nem conquista sem ousadia". Pense nisso!

## 03  Águas passadas não movem moinho

Este ditado nos convida a pensar no futuro e no presente. Segundo ele o que importa não são as águas que já passaram, mas sim, as que estão passando e ainda vão passar. São elas que movem o moinho.

Infelizmente, muitas pessoas ficam presas se lamentando do passado. Afundados nas suas mágoas e ressentimentos ou mesmo na nostalgia de bons momentos do passado, elas não conseguem se aventurar nas oportunidades do presente e nos sonhos de um futuro melhor. Assim, para elas, as águas que continuam movendo seu "moinho" ainda são as que já passaram. Reviver o passado de maneira repetitiva é uma maneira de se fechar para o presente.

Neste contexto, os sintomas de depressão podem se manifestar. A tristeza e a desilusão podem tomar conta do sujeito de tal maneira que o sofrimento ou a alegria do passado retornam no presente provocando uma recusa de viver o hoje. Como exemplo, é muito comum uma pessoa que sofreu uma desilusão amorosa no passado ficar remoendo isto nos relacionamentos afetivos do presente. Esse deslocamento emocional inconsciente vai desgastar a relação atual de tal maneira que ela pode chegar ao fracasso.

Portanto, em se tratando dos sentimentos humanos, as águas do passado podem mover o moinho. Para que isto não aconteça é muito importante dar um novo sentido às experiências do passado já que não é possível esquecê-lo ou apagá-lo da nossa memória. A pergunta que cabe aqui é: como fazer isso?

Duas maneiras extremamente eficazes para conseguir isto é através do processo psicoterápico e através da evolução espiritual. Na primeira o sujeito fala das suas experiências do passado aprendendo com elas. Na segunda, através da visão espiritual da vida, ela desenvolve a capacidade de perdoar o próximo e a si mesmo, possibilitando assim uma libertação deste passado.

Melhorando sua relação com o passado, o sujeito se abre para a vida presente e almeja assim um futuro mais promissor. Dessa maneira, seu "moinho" vai se mover naturalmente, deixando fluir as "águas" do passado, do presente e de um possível futuro.

## 04 Água mole em pedra dura tanto bate até que fura

Desde a minha infância sempre escutei este ditado. Na natureza, após milhares de anos a água na sua insistência vai moldando as pedras, furando a maior e mais resistente de todas elas. Já escutei uma comparação muito interessante que relaciona a personalidade humana a esse ditado. Tem pessoas que são como as pedras: rígidas, duras, frias e estagnadas. Outras são como as águas: flexíveis, dinâmicas, maleáveis e possuem um objetivo a ser alcançado.

"Pessoas águas" levam consigo muitas vidas e irrigam muitas terras, alimentam e dão de beber a muitos seres vivos, porém sem jamais abrir mão de seu objetivo final: chegar ao mar. As águas que nascem nas montanhas, percorrem córregos, ribeirões, rios, evaporam, voltam para terra, irrigam as plantações, dão de beber aos seres vivos e depois chegam ao mar. Os obstáculos são superados ao longo do tempo, se reúnem para ter forças para romper barreiras até chegarem ao mar.

"Pessoas pedras" ficam paradas, só andam se forem arrastadas, carregadas. Não possuem nenhum objetivo e nem levam vida para ninguém.

No contato com estas duas pessoas, a insistência da "pessoa água" vai perfurando a alma da "pessoa pedra". Ela vai dilapidando esta pedra de tal forma que a mesma vai ficando cada vez mais limpa, mais lisa e mais flexível, chegando ao ponto de dilapidar sua alma.

Esse ditado também nos convida a refletir sobre a importância de todos nós desenvolvermos a capacidade de insistir em nossos objetivos. Nunca desistir dos nossos sonhos. A perseverança de lutar com determinação é o grande segredo dos vencedores. Como diz o ditado "não existe vitória sem luta e nem conquista sem ousadia". Dizem que, Thomas Edison, um dos maiores cientistas de todos os tempos, depois de tentar fazer a lâmpada 9990 vezes juntamente com seus auxiliares, teve a infeliz notícia que seus companheiros estavam desistindo do experimento. Sozinho no seu laboratório, ele resolveu dar um cochilo num sofá velho que se encontrava num canto do quarto onde trabalhava. Neste cochilo veio a solução para resolver o problema do seu invento. Assim foi inventada a lâmpada incandescente. Sem este invento todos nós estaríamos usando até hoje a lamparina ou lampião.

Em todas as áreas da nossa vida devemos adotar este ditado: *água mole em pedra dura tanto bate até que fura*. Fica aí a dica.

## 05 A língua é o chicote do corpo

A língua, juntamente com as pregas vocais, é responsável pela comunicação verbal do ser humano. Através delas foram construídas todas as formas de linguagem. Sem elas não seria possível ao homem evoluir tanto como aconteceu. A linguagem é a responsável pela construção do saber e da ciência. O acúmulo do conhecimento foi consequência da evolução dos meios de comunicação do homem, especialmente da comunicação verbal. Neste sentido, dizer que esse órgão tão importante para o homem é o chicote do corpo é um absurdo.

Talvez o ditado popular nos chame a atenção para o uso indevido da língua, ou seja, quando a utilizamos para ofender, fazer fofoca, caluniar, maltratar e humilhar o próximo. Isto sim, atinge não só o outro como a nós mesmos. Através da linguagem mal utilizada, muitas guerras aconteceram no mundo, muitas famílias foram destruídas e muitos corpos foram "chicoteados" desta maneira pelas palavras mal colocadas.

Jesus já dizia: "Não é o que entra pela boca do homem que destrói o homem, mas sim, toda palavra de maledicência que sai da sua boca". Na Bíblia, várias passagens nos ensinam que o dom de muitos cristãos era a comunicação em Espírito pela linguagem. Assim, a língua pode ser não só o chicote do corpo como também a salvação da alma. Você escolhe o seu uso.

## 06 A esmola quando é muita até o santo desconfia

Este ditado surgiu provavelmente dentro da Igreja Católica. Segundo suas tradições centenárias, era comum fazer doações financeiras e até mesmo bens materiais para seus considerados santos e padroeiros. Alguém, responsável por essas coletas deve ter desconfiado de alguns fiéis que estavam fazendo doações vultosas até mesmo acima de suas posses para o santo de determinada paróquia. A leitura que esta pessoa fazia devia ser que, se o volume de doações era grande era porque os pecados também deveriam ser. Assim, cabia ao santo desconfiar daquela esmola.

Tirando a religiosidade deste ditado, é possível fazer uma reflexão mais profunda sobre ele. A primeira delas é que tudo que é conquistado sem esforço é passível de desconfiança. Na maioria das vezes são conquistadas de maneira escusa e ilícita. Promessas mirabolantes de "cura" sem nenhum esforço viraram uma verdadeira epidemia na nossa sociedade. Na *internet* e nos meios de comunicação social em geral temos uma avalanche de receitas que prometem solucionar todos os problemas humanos.

A segunda lição que podemos tirar é que somente o trabalho digno, suado e provido de princípios éticos e morais será capaz de conquistar a confiança do santo. Em outras palavras, não é possível enganar a Deus e às leis da natureza. Sempre que tentarmos "manipular" os santos com esta esmola impregnada de segundas intenções não vai dar certo.

Fazendo uma reflexão mais específica sobre a dependência química é possível perceber que a família e o próprio dependente não raras vezes são seduzidos por estas "esmolas" exageradas oferecidas no mercado. Clínicas e Comunidades Terapêuticas oferecem um projeto de tratamento maravilhoso a um custo simbólico e a promessa de cura em algumas horas ou dias.

Desta maneira, os nossos antepassados estavam certos ao afirmarem *esmola quando é muita até o santo desconfia*. Uma boa lição para evitarmos ser surpreendidos numa cilada.

## 07 Quem não tem cão caça com gato

Este ditado de maneira simples e objetiva nos apresenta uma realidade psicanalítica, ou seja, nos aponta para uma realidade cruel bem diferente daquilo que construímos em nossa imaginação. O final de análise para o psicanalista é quando ele percebe que seu paciente entendeu lá no mais profundo de sua alma que é um sujeito da falta, incompleto e desprovido de qualquer tipo de certeza. Quando o paciente toma consciência desta condição ele adquire a grande sabedoria de aceitar o outro também com suas mazelas, melhorando assim consideravelmente suas relações entre os seus.

De alguma maneira, sempre nos deparamos com esta situação ambígua na qual não temos o cão de caça ideal, mas sim, um gato mimado e inofensivo. Independente disto a vida nos convida à caça e teremos que ir para "a mata". Isto acontece num casamento, na relação com nossos filhos e pais, no ambiente de trabalho, na escola, etc.

O neurótico é aquele que por não ter o cão de caça idealizado, não vai caçar. Lamenta-se por não tê-lo e fica sempre a reclamar com todos por não possuir este tão almejado cão. Assim se torna o eterno chorão frustrado que só reclama da sua situação e coloca a culpa nos outros e nas circunstâncias da vida. Ele não percebe que a vida real na maioria das vezes não está sintonizada com a vida que construímos no nosso imaginário e isto não deve servir de desculpas para não irmos em busca da caça.

Portanto, ao *quem não tem cão caça com gato* acrescento que quem não tem gato caça com rato e quem não tem rato caça sozinho. O que ele jamais poderá deixar de fazer é ir em busca de sua caça, afinal, isto seria seu fim. Todos devem então fazer algo que consigam fazer, mesmo que isto não coincida com o mundo idealizado.

## 08 O apressado come cru

Continuando com os nossos famosos ditados populares, chegou a hora de pensarmos um pouco sobre este sábio ditado: *o apressado come cru*. Na ânsia de chegar aos objetivos, muitas vezes a pessoa apressada atropela princípios, normas e regras necessárias para conduzi-la aos seus sonhos. Exemplo clássico é o do jovem que quer ficar rico da noite para o dia. Sua ganância faz com que ele não tenha a paciência, a perseverança e a determinação fundamentais para conseguir alcançar suas metas e objetivos. Na sua pressa, atropela tudo e todos, podendo muitas vezes se envolver com atos ilícitos que, mais cedo ou mais tarde, serão descobertos e tudo o que estava tentando construir vai à deriva.

É preciso entender que na natureza tudo tem o seu tempo certo. Ninguém planta uma árvore já adulta. Tudo começa numa minúscula semente. A cada dia o cuidado com ela tem que ser permanente. Regar, matar as formigas, adubar o terreno, campinar as tiriricas, podar, etc. além de tudo isto, temos que esperar o tempo daquela semente germinar e crescer. Se todos os dias formos cavacar a terra para ver se a semente pegou, iremos matá-la.

De forma análoga, a nossa vida tem cada uma de suas fases. Se, de maneira ansiosa e apressada, atropelamos essas fases, com certeza iremos comer sempre cru. O respeito ao tempo de plantar e colher, de estudar e trabalhar, de investir e usufruir são imprescindíveis para que possamos viver uma vida mais produtiva e saudável.

Infelizmente, estamos vivendo numa sociedade na qual a pressa virou uma qualidade. Tudo tem que ser rápido e muitas vezes mal feito. "Vou fazer o supletivo em seis meses. É mais vantagem do que ficar três anos fazendo o ensino médio". Ou: "Vou fazer o curso superior no sistema de educação à distância. É mais prático, fácil e mais rápido". Sem contar quando resolvem comprar o diploma. Pouco se importam com a qualidade. Preferem comer cru.

Portanto, não devemos priorizar o tempo, mas sim a qualidade. O respeito ao tempo de cozimento é essencial para apreciar a comida no ponto. Que possamos fazer isso com nossos sonhos e projetos.

## 09 Não adianta chorar pelo leite derramado

Este ditado popular tão conhecido nos chama a atenção para não ficar preso ao nosso passado. O que vai adiantar ficar lamentando as perdas do passado se não será possível consertar os nossos erros? Quando isto ocorre, desprendemos grande parte da nossa energia com o sentimento de culpa ao invés de gastá-la no momento presente e com a visão de futuro melhor.

Além disto, o ficar preso no passado chorando pelo leite derramado traz o sofrimento de novo, dificultando assim uma reação do sujeito, podendo levar a um quadro de depressão profunda e todas as suas consequências.

Muitas pessoas, porém, confundem este ditado acreditando que temos que esquecer todo o nosso passado. Isto seria impossível para pessoas ditas normais. Somos hoje o somatório de todas as nossas vivências, boas e ruins. Apagá-las da memória seria perder a nossa identidade, ou seja, seria entrar na loucura.

Assim só nos resta estabelecer uma relação mais saudável com o passado. Olhar para o leite derramado e perceber onde foi que errou para que isto acontecesse. Limpar a sujeira e retomar o procedimento tomando o cuidado de não cometer os mesmos erros da experiência anterior.

O processo terapêutico, os grupos de apoio, a espiritualidade são ótimas oportunidades de fazer uma nova leitura deste nosso passado, melhorando assim a convivência com ele, trazendo como consequências a melhora da autoestima, da qualidade do nosso presente e a perspectiva de um futuro promissor.

## 10 Filho de peixe peixinho é

Este ditado é muito utilizado no sentido de que determinada pessoa apresenta um comportamento específico devido aos seus antepassados. A "culpa" está na cultura da família. "Fulano é assim por causa do pai dele" ou "Ele não presta porque o pai dele é um ladrão", etc.

Mesmo os peixes, com certeza, apesar de serem também peixinhos, devem possuir características e comportamentos diferentes dos seus pais, imagine o ser humano, sujeito capaz de refletir sobre seus atos, aprender com os erros e com suas experiências de vida.

Além disto, cada indivíduo faz suas próprias escolhas, independente da sua herança genética e cultural. O livre-arbítrio de tomar suas próprias decisões muitas vezes vai contra toda a tradição familiar. Não raro um filho começa a usar drogas, a cometer atos ilícitos dentro de uma família honrada e trabalhadora.

A complexidade do ser humano é tão intensa que cada sujeito lida com uma mesma realidade de maneira diferenciada. Por exemplo, um garoto criado num ambiente regado a bebida pode recusar fazer o seu uso devido às decepções que ele acumulou ao conviver com tantas pessoas alcoolizadas. Já outro garoto pode ser levado por este vício e se tornar um alcoólico.

Tudo isto, porém, não diminui a importância de uma estrutura familiar pautada nas necessidades básicas de um ser humano, bem como da cultura familiar pautada na formação religiosa e do caráter honrado e digno. O que estamos chamando a atenção é que, em se tratando do ser humano, não existe uma ciência exata. A relação causa e efeito não é tão simples como na natureza. Outras variáveis como o ambiente familiar, o social, o cultural, o trabalho, a escola, a mídia e a *internet* vão de maneira direta afetar nossa personalidade, sem contar as próprias escolhas que são motivadas pela nossa capacidade cognitiva e por nossa vontade.

Afirmar então que *filho de peixe peixinho é* não deixa de ser um equívoco e uma postura preconceituosa de quem está dizendo isto.

## 11 Diga com quem andas que eu te direis quem és

Este ditado é um retrato de uma face da nossa personalidade. Somos seres biológicos, herdeiros de uma estrutura física e talvez até psíquica em relação aos nossos antepassados. Além disto, somos seres sociais que recebem influências do meio em que vivemos. Com certeza, se nós tivéssemos nascido em outra época e em outra cultura diferente da nossa, seríamos diferentes do que somos.

Assim, a faceta social da nossa formação psíquica é muito importante. Com quem e onde andamos vai nos dizer muito da nossa personalidade, dos valores, das crenças, dos gostos e desejos. Exemplo clássico é o dependente químico. Na medida em que ele vai desenvolvendo a doença, ele vai se envolvendo somente com pessoas também dependentes químicos. O isolamento da família, da igreja e dos colegas de trabalho que não fazem uso dessas substâncias é inevitável. Com o tempo, o dependente passa a acreditar que todos do bairro estão usando drogas. O que ele não percebe é que ele conhece apenas os ditos "malucos". Os chamados de "caretas" não fazem parte do seu ciclo social.

Desta maneira, este convívio social retroalimenta a adicção, ou seja, para ter uma relação amistosa com um usuário ele também tem que usar a droga. Ser aceito neste meio social implica neste uso. Quem não usa está fora da roda e o mal-estar se apresenta neste ambiente.

Portanto, sair da droga implica em evitar as pessoas e os ambientes onde a droga esta presente. Mais do que isto, para receber boas influências, o dependente deve começar a frequentar ambientes mais saudáveis e construtivos como os grupos de ajuda mútua, o profissional de saúde, a família e a igreja.

Isso vale para todos. Se recebemos influências contínuas sobre tudo que vemos e ouvimos, nada melhor do que selecionar a qualidade de tais influências. Só assim será possível construirmos uma vida mais saudável e sóbria.

## 12 O uso do cachimbo que faz a boca torta

O ditado nos convida a refletir sobre a força do hábito. O ser humano tende a repetir automaticamente comportamentos frequentes. Todo processo de aprendizagem passa por este princípio: a repetição. O corpo vai se adaptando aos movimentos repetitivos e a mente vai gravando tudo isto de tal forma que, sem perceber e sem pensar, o sujeito começa a funcionar no automatismo, ou seja, formou o hábito.

Da mesma forma que a boca se "organiza" para encaixar o cachimbo, o corpo vai se moldando de acordo com as experiências vividas. Por exemplo, a pessoa acomodada e ociosa tende a acumular gordura, ficar obesa e se acostumar com a ociosidade. Ao contrário, a pessoa ativa e que gasta energia em atividades físicas tende a moldar seu corpo para dar conta dessas atividades. A formação dos músculos, a queima da caloria e da gordura são consequências desta adaptação.

O mesmo raciocínio serve para explicar o que acontece com um dependente químico. Na medida em que ele foi fazendo o uso da droga, seu organismo foi adaptando a ela, desenvolvendo assim a tolerância. Com o tempo ele passou a usar a droga por força do hábito, trazendo como consequência a dependência.

Portanto, para sair da droga, não basta apenas parar de usá-la, é preciso enfrentar a força do hábito desenvolvido ao longo dos anos de uso. O corpo e a mente acostumaram com a droga. Eles precisam dela para funcionar "melhor". A questão central é que um hábito só é superado quando for substituído por outro. E isso demanda tempo e dedicação. Formar o hábito de participar dos grupos de apoio, da leitura especializada, de ir à igreja, de praticar uma atividade física e de ficar sóbrio não é tão fácil como parece.

CAPÍTULO 2

## 13   Uma mão lava a outra

Outro ditado popular muito usado durante centenas de anos é este: "Uma mão lava a outra". O que podemos aprender com ele? Já em várias oportunidades falei sobre ele de maneiras diferentes. Toda relação saudável é uma relação de mão dupla, ou seja, a lei universal de dar e receber deve ter os dois sentidos. Em um determinado momento estamos em condições de dar e, em outros, estamos necessitando receber. Quando isto não ocorre, estamos diante de um desequilíbrio das relações afetivas ou mesmo profissionais.

Hoje em dia, é possível perceber que a convivência humana está se tornando cada vez mais difícil devido à negligência deste fundamento tão básico. Movidos pela famosa *lei de Gerson* "eu gosto de levar vantagem em tudo", a sociedade envereda pelos caminhos do egoísmo. Assim, o ser humano se aproxima do outro apenas para explorá-lo, para tirar vantagens desta relação.

Exemplo clássico disto é a relação do dependente com o codependente. O primeiro, embalado pela sua doença, começa a olhar os codependentes apenas como os provedores da sua adicção. O dependente muitas vezes utiliza todos os artifícios possíveis para tirar dos familiares o necessário para atingir seus objetivos. Envolvido com sua fragilidade emocional, o codependente deixa-se ser dominado por essa pressão psicológica e se torna uma presa fácil para alimentar a doença do dependente.

Da mesma maneira, muitos casais estruturam assim suas relações, levando inevitavelmente ao fracasso delas. *Uma mão lava a outra* convida todos nós a compartilhar nossas experiências com os outros, alimentando assim o espírito de solidariedade, de companheirismo e auxílio mútuos.

No meio comercial, é considerado um bom negócio quando ambas as partes foram beneficiadas com a negociação. Se somente um lado saiu ganhando, mesmo que o lucro seja compensador no curto prazo, no longo prazo será um péssimo negócio.

A corrupção, a destruição dos recursos naturais, a violência, a ganância, a ansiedade, a depressão e tantos outros problemas que enfrentamos nos dias atuais têm como pano de fundo a não observância deste ditado. Cabe então aqui uma simples pergunta: "Como está sua relação com o próximo?".

## 14 Temos que medir a água com o fubá

Um dos pratos tradicionais do interior de Minas Gerais, sem sombra de dúvidas, é o famoso frango caipira com quiabo acompanhado com um gostoso angu. Daí nasceu este ditado popular. Para que o angu tenha consistência e fique saboroso é sempre preciso medir a quantidade de água com a de fubá. Isso significa que é necessário fazer uma reflexão sobre a atual situação que estamos vivendo e até onde podemos ir. Não é possível termos melhoras rápidas e milagrosas. Por exemplo, se fizermos um empréstimo acima da nossa capacidade de pagamento iremos sofrer as consequências mais cedo ou mais tarde. Construir nosso futuro baseado no presente é o que nos ensina este ditado. Como diz a sábia frase: "Por mais longa que seja a caminhada ela sempre começa no primeiro passo".

"Medir a água com o fubá" tem o mesmo significado de outro ditado: "Dar um passo maior do que as pernas". É nesta tentação que muitos se perdem rompendo a linha divisória da ambição saudável para a ganância sem escrúpulos. Esta é a causa central da corrupção, da falta de ética, dos roubos e dos assaltos. A ânsia de enriquecer com pressa atropela os princípios básicos da convivência social, acarretando estes problemas e tantos outros.

Nossos antepassados estavam corretos com este ditado. Somente quando passarmos a viver medindo a água com o fubá, ou seja, reconhecer onde estamos e obedecer cada passo para chegarmos ao nosso destino, seremos capazes de sermos bem-sucedidos e felizes. Em outros termos, "o apressado come cru", "a pressa é inimiga da perfeição", "viver um dia de cada vez", "só por hoje", "fazer primeiro as primeiras coisas" e tantos outros ditados nos conduzem ao mesmo ponto já mencionado por Jesus Cristo: "Não vos preocupeis com o dia de amanhã porque cada dia possui suas próprias preocupações".

Algumas pessoas entendem isto como não fazer um planejamento financeiro e administrativo. Pensam que têm que viver apenas o momento presente sem se importar com o dia de amanhã. Esta interpretação é equivocada. Todo projeto de vida deve ter objetivos e metas, porém a vida só acontece no presente. As ações devem ser feitas no agora visando sempre um futuro, ou seja, para onde ir. Uma frase de efeito bastante interessante que sintetiza isto é: "Quem sabe para onde ir chega mais rápido".

Portanto, pensar no futuro é diferente de se preocupar com ele. A própria palavra marca esta diferença: *pre* – prefixo de antes e *ocupar* – fazer e agir. Assim, preocupar é uma tentativa de viver o futuro no presente. Além de ser impossível, é angustiante levando o sujeito a negligenciar o presente e gerar sintomas de ansiedade, trazendo reflexos no corpo físico e nos relacionamentos sociais, especialmente nos afetivos.

*Medir a água com o fubá* é dar um passo de cada vez para alcançar seus objetivos no tempo certo sem atropelos e sofrimento.

DITADOS POPULARES – SABEDORIA DE GERAÇÕES

## 15 Tem que ensinar a pescar e não dar o peixe

Este ditado é muito utilizado em nossa cultura, especialmente pelas classes sociais mais abastadas. O sentido nos aponta para a necessidade de construir uma independência das pessoas menos favorecidas materialmente daquelas que têm condições de dar o peixe. Analisando friamente este princípio, todos nós concordaremos com ele, afinal, dar o peixe sem ensinar a pescar mantém a condição do pedinte.

Porém, ao aprofundar esta reflexão é possível perceber que em algumas situações dar o peixe no primeiro momento é fundamental. Certa vez conversando com um jovem sobre isto, ele me falou algo que eu nunca esqueci. De maneira emocionada, este jovem comentou:

– Cláudio, falar que pobre é preguiçoso e que não gosta de trabalhar é fácil. Quem fala isto é porque nunca passou fome na vida. Somente quem já passou por isto sabe que ficar sem comer dá preguiça. A gente não tem energia para consumir com o trabalho. Quando isto aconteceu comigo e com meus irmãos, além da preguiça, a gente sente depressão, desespero, revolta, ansiedade e até pensamentos suicidas ou mesmo de roubar para conseguir algo para comer.

Ele deu um suspiro e com os olhos lacrimejando, continuou:

– Uma coisa é você ficar sem almoço sabendo que vai jantar. Outra coisa é você não almoçar e não ter ideia quando será a próxima refeição. Lembro que eu tinha cerca de quatorze anos quando passei por isto e no meu desespero eu pedi para um pedreiro que estava trabalhando perto da minha casa para eu ajudá-lo como servente em troca do almoço. Fiquei quase duas semanas só comendo. Não tinha energia para carregar nem uma lata de concreto. Tive sorte que ele era um homem bom e que já tinha passado por isto e assim me compreendeu. Com muito custo comecei a ter energia para trabalhar. Poucas pessoas sabem disto: passar fome dá preguiça.

Depois deste depoimento passei a ter uma nova visão sobre este problema. Percebi que além de ensinar a pescar, é necessário primeiro dar o peixe para que o pescador consiga ter energia para tirar o peixe da água.

## 16   Saco vazio não para em pé

Normalmente, a maioria das pessoas utiliza deste ditado em relação à alimentação diária. Neste sentido, o ditado fica restrito apenas ao sistema corporal. Convido os leitores a expandi-lo para algo mais profundo.

Assim como o corpo, nosso espírito também precisa de "alimento" espiritual. Apesar de todo avanço da medicina e dos meios tecnológicos, a necessidade humana de cultuar um "deus" esteve, está e sempre estará presente na vida do homem. Mesmo nos países mais ricos do mundo, a Igreja está de alguma maneira presente. Um "espírito" ou "alma", não importa a terminologia, que não se abastece, não para em pé. É como o saco vazio. É neste vazio que surgem as compulsões diversas, ou seja, uma busca impulsiva de preencher lacunas existenciais. O uso abusivo de drogas, a jogatina, o alimentar de forma desenfreada, o sexo descontrolado, o comprar irresponsável, a pichação, a violência e tantos outros transtornos são efeitos deste "saco vazio da alma". Desta maneira, além do corpo físico, o homem possui a necessidade de preencher o "corpo espiritual" através da oração, da frequência a uma igreja, da meditação e do estudo da palavra de Deus através de leituras, palestras, reuniões, etc. Assim, querer tratar as compulsões humanas somente no campo da ciência, na maioria das vezes, não surtirá o efeito desejado. O viés da espiritualidade é fundamental para dar um sentido para a existência humana preenchendo desta forma este vazio da alma.

Da mesma maneira, outro "saco vazio" é o emocional. Questões afetivas e experiências com o outro podem empurrar o homem para um buraco sem fundo. Acúmulos de frustrações, decepções e traumas são verdadeiras "bombas-relógios" que a todo instante emergem das profundezas do inconsciente, afetando diretamente a qualidade de vida do sujeito. Diante disto, a busca de uma ajuda profissional com um bom psicólogo e/ou médico é essencial. Os grupos de apoio entre os iguais também é outra ferramenta importante para o tratamento emocional. Além de proporcionar um espaço da fala de suas angústias, esses grupos oferecem apoio emocional e social para o portador de sofrimento psíquico. O ideal é conciliar a ajuda profissional e a dos grupos de apoio, assim o suporte emocional é mais eficaz e fica mais fácil de preencher este "saco emocional".

Portanto, este ditado nos convida a refletir sobre as reais necessidades do ser humano que vão muito além das necessidades do corpo. A frase de minha autoria é bastante sugestiva neste sentido: "Por ser espírito, nada material preenche o vazio do coração do homem". Pense nisto!

## 17 Vamos devagar com o andor porque o santo é de barro

Outro ditado antigo oriundo da fé católica das cidades interioranas nos convida a fazer uma reflexão profunda sobre a vida. Nas procissões tradicionais é comum os fiéis levarem as imagens de barro dos santos nos cortejos. O suporte onde estas imagens são fixadas é chamado de andor. Normalmente quatro pessoas carregam a imagem durante todo o percurso programado. Era muito comum acidentes em que os responsáveis por carregar a imagem davam passos mais rápidos e a imagem se soltava do andor, caía e se quebrava em vários pedaços. Assim, os responsáveis pela organização diziam a eles: "Vão devagar com o andor, pois o santo é de barro".

De tanto repetir, esta frase virou um ditado. Mas afinal, o que podemos aprender com ela? Alguns pontos merecem mais atenção:

1) Assim como a imagem de barro, nossas vidas também são frágeis. Temos que ir devagar a nossas mudanças porque se tivermos pressa podemos nos machucar ou atingir outras pessoas.

2) Entender que as mudanças das outras pessoas também são lentas. Muitas vezes requer um processo de amadurecimento psíquico que somente com o tempo e com a idade será possível alcançar.

3) No mundo atual no qual a pressa e a ansiedade de alcançar os objetivos é uma realidade, nada mais importante entender que tudo tem seu ciclo natural e que deve ser obedecido e respeitado. Para alcançar os objetivos é fundamental seguir os princípios determinados pela sociedade. Se tiver pressa o "santo" pode cair.

Enfim, este ditado nos convida com bastante sabedoria a respeitar o processo natural de evolução das coisas e pessoas, trazendo como consequência resultados positivos e duradouros, além de evitar muitos transtornos ao longo da nossa vida.

## 18 Antes só do que mal acompanhado

Este ditado nos apresenta a importância de estabelecermos critérios sobre as nossas companhias. Todos sabem que o ser humano é um ser social e que para ter um desenvolvimento saudável é fundamental estabelecer relações com o outro. Desde a nossa tenra infância até os últimos dias das nossas vidas precisamos de alguém para o nosso bem-estar.

Na primeira infância, o contato com os familiares é imprescindível para a nossa sobrevivência. Nesta fase não somos capazes de fazer escolhas. Recebemos influências positivas ou negativas deste núcleo familiar.

Na segunda infância, quando somos inseridos na escola e na comunidade como um todo, já somos capazes de fazer nossas escolhas. Os critérios de afinidade, de empatia e de admiração com o outro nos convidam a optar com quem iremos conviver.

Na adolescência, as crises normais desta idade produzem uma necessidade de um "outro" adolescente com o objetivo de apoio mútuo. Daí o andar aos "bandos", de preferência do mesmo gênero para facilitar esta identificação. A nomeação de ídolos, heróis e vilões caracterizam com propriedade esta fase.

Na juventude, o nosso interesse passa a ser o sexo oposto. Assim, nesta fase nós vamos amadurecendo e as responsabilidades do mundo adulto começam a bater à nossa porta. Como disse Cazuza: "Meus heróis morreram de overdose...". Isto sintetiza esta fase.

Na idade adulta nossos ídolos são os adultos bem-sucedidos na vida nas mais variadas áreas.

Enfim, se andarmos com más companhias, nós podemos ter influências negativas, interferindo de forma a trazer vários problemas ao longo da nossa existência. Portanto, este ditado nos alerta para isto. Às vezes é preferível estar só do que mal acompanhado.

## 19  Santo de casa não faz milagres

Este ditado provavelmente surgiu no tempo de Jesus Cristo. Tem uma passagem bíblica que relata:

*1 E, PARTINDO dali, chegou à sua pátria, e os seus discípulos o seguiram.*

*2 E, chegando o sábado, começou a ensinar na sinagoga; e muitos, ouvindo-o, se admiravam, dizendo: De onde lhe vêm estas coisas? e que sabedoria é esta que lhe foi dada? e como se fazem tais maravilhas por suas mãos?*

*3 Não é este o carpinteiro, filho de Maria, e irmão de Tiago, e de José, e de Judas e de Simão? e não estão aqui conosco suas irmãs? E escandalizavam-se nele.*

*4 E Jesus lhes dizia: Não há profeta sem honra senão na sua pátria, entre os seus parentes, e na sua casa.*

*5 E não podia fazer ali obras maravilhosas; somente curou alguns poucos enfermos, impondo-lhes as mãos.*

*6 E estava admirado da incredulidade deles. E percorreu as aldeias vizinhas, ensinando. (Mc 6, 1-6)*

Com outras palavras, Jesus parece dizer que quando conhecemos uma pessoa na sua intimidade passamos a conhecer também seus defeitos e limitações. Sabendo das suas fragilidades não acreditamos no seu poder de transformação e de cura. Isto fica claro no questionamento citado neste trecho bíblico: "não é este o carpinteiro, filho de Maria...".

De alguma maneira até hoje nós fazemos isto. É muito comum desprezarmos nossos parentes por conhecermos suas fraquezas e valorizarmos os outros mais distantes. Exemplo clássico disto são os pais sempre acharem que os filhos dos outros são melhores do que os deles e os filhos sempre acharem que os pais dos seus amigos é que são legais.

Portanto, apesar deste ditado *santo de casa não faz milagre* ter até mesmo fundamentação bíblica é importante ressaltar que valorizar os nossos entes queridos é essencial para que possamos viver melhor e mais felizes.

## 20  A pressa é inimiga da perfeição

No mundo contemporâneo, o tempo virou dinheiro e tudo é muito rápido. Nós temos a tendência de entrar neste clima e irmos assumindo vários compromissos ao mesmo tempo. A ânsia de alcançar os objetivos é tamanha que muitas vezes nos perdemos diante de tanta pressa. A grande mídia divulga isto com frequência, tudo tem que ser rápido. O diploma universitário, a ascensão profissional, o emagrecimento, o corpo sarado, a *internet*, o computador, o celular e a vida sexual, enfim, tudo tem que ser com muita pressa.

Nesta corrida maluca de apressados trombamos no primeiro poste da decepção, caímos no primeiro buraco da frustração e machucamos diante de uma realidade cruel que não quer só diploma, mas exige qualidade na formação. Este ditado chama a atenção exatamente para este ponto: a importância da qualidade. Assim a pressa é inimiga da qualidade, ou melhor, da perfeição.

Lembro-me no meu tempo do exército que o tenente tinha uma palavra de ordem que ficou marcado para sempre na minha vida: "Tudo que tem que ser feito merece ser bem feito e vamos fazer". Nem sempre consegui praticá-la, mas a minha luta para alcançá-la nunca chegou ao fim.

Alguns deixam ser levados de tal maneira por esta pressa que atropelam os princípios éticos e sociais, burlando a lei e conseguindo suas conquistas de maneira fraudulenta, sendo dominados pela ganância e pela falta de pudor. A pressa os conduz para o abismo e para a imperfeição. Mais cedo ou mais tarde vão ter que encarar a realidade e refazer tudo aquilo que ficou mal feito, isto se ainda tiver tempo para corrigir seus erros.

Nada melhor para concluirmos este texto que a frase do poeta: "Por mais longa que seja uma caminhada ela sempre começa no primeiro passo". Pense nisso, meu querido leitor.

## 21 O que não é visto não é desejado – I

Este ditado é rico em sabedoria. Nos mostra a importância de divulgar os nossos talentos e habilidades, afinal, qual o valor da pepita de ouro num fundo do rio? Quem dá valor a ela é o olhar do outro.

É possível perceber este ditado num simples brincar de uma criança. Se observarmos com cuidado é fácil concluir que as crianças adoram brincar próximo dos adultos. A necessidade de ser visto é da natureza humana e porque não dizer de todo ser vivo. Uma pessoa que se arruma para ir a uma festa, no fundo, está em busca de ser visto pelo outro para ser desejado e amado.

A propaganda em todas as suas formas também tem este objetivo. Mostrar seus produtos e serviços para que surja o desejo e a necessidade do consumo. Desta maneira é possível incrementar as vendas e os lucros, gerando mais emprego e renda para os proprietários e sócios.

Especialmente nos momentos de retração do mercado, a necessidade de ser visto é imprescindível para a sobrevivência do negócio. Ir em busca do cliente e mostrar quais são os motivos para ele escolher seus produtos e serviços é uma questão de vida ou de morte. Se esconder nos momentos de crise é praticamente um "suicídio comercial".

É óbvio que além de ser visto e desejado é preciso que não só a pessoa, mas também as empresas precisam prestar um bom serviço e oferecer produtos de qualidade e úteis. Do contrário, estaria configurada a famosa propaganda enganosa.

Portanto, este ditado nos convida a cuidar das aparências não só para o nosso bem-estar, mas também para o olhar do outro, sem, contudo, descuidar da nossa essência.

## 22 Gato escaldado tem medo de água fria – I

Cresci escutando minha mãe dizendo isto. Várias gerações já devem ter passado e este ditado continua cada vez mais vivo. A sabedoria popular nos convida a refletir sobre um principio básico da psicologia. Várias correntes do estudo do comportamento humano falam a mesma coisa de forma diferente. Skinner na *Abordagem Comportamental* nos afirma que "as consequências dos nossos atos controlam os nossos comportamentos". No mesmo sentido, Freud com sua Psicanálise aposta que os "traumas" ao longo da vida criam registros psíquicos tão profundos no nosso inconsciente que eles ditarão as regras dos nossos comportamentos atuais e do futuro.

Skinner faz suas afirmações baseado em experimentos com animais, especialmente com os ratos de laboratório. Freud vai direto ao ponto, ou seja, no estudo do ser humano. Ambos com certeza concordariam com este ditado. O gato que foi escaldado com água quente ficou muito traumatizado com esta experiência e, ao se deparar com a água fria ele passou a temê-la. Na visão de Skinner, o comportamento do gato de ter medo foi decorrente da experiência negativa das consequências da água quente. Neste sentido, na medida em que ele começar a perceber que as outras águas não estão quentes, a consequência positiva da água fria vai mudar seus sentimentos e, como resultado disto o seu comportamento.

O ser humano não é muito diferente deste gato. Somos vítimas destes traumas ao longo da vida e, movidos por eles, ficamos presos a estes resultados negativos do passado. O que nos diferencia dos gatos é que possuímos a capacidade de refletir sobre estes traumas, produzindo assim alterações nos nossos sentimentos e comportamentos. Para que isto ocorra de maneira mais efetiva, nada melhor do que uma boa psicoterapia individual e/ou em grupos de apoio.

## 23 Gato escaldado tem medo de água fria – II

Esta sabedoria popular é de uma profundidade fora do comum. Aqui a gente encontra um dos princípios fundamentais da abordagem behaviorista, ou seja, "o comportamento é controlado pelas suas consequências". Em outras palavras, o indivíduo vai moldando suas atitudes de acordo com o resultado destas mesmas atitudes.

Neste ditado é possível também encontrar um dos princípios da psicanálise que consiste em "são os registros inconscientes das experiências vividas que controlam nossa maneira de viver no mundo". Os chamados "traumas" inconscientes de experiências marcantes do passado.

Gato que toma banho de água quente além de escaldado, fica traumatizado. Esse trauma vai controlar seus comportamentos futuros. Movido pelo instinto de sobrevivência, quando ele se encontrar novamente com a água, mesmo que seja fria, ele tende a temê-la.

Assim como o gato ou qualquer outro ser vivente, nós seres humanos também temos este tipo de reação. Muitas vezes estas reações são descabidas de razão e de sentido aparente. Os motivos dos medos e das crises de pânico na grande maioria das vezes não existem de forma concreta, são os traumas do passado que ficaram registrados no nosso inconsciente e que vêm à tona, gerando um comportamento incontrolável. Como todos passam por estas experiências traumatizantes, nada mais lógico do que buscarmos o tratamento. Infelizmente, ainda não existem medicamentos para este "mal". A psicoterapia é uma boa saída para trazer ao consciente estas experiências traumatizantes, e, a partir daí "desativar" esta bomba-relógio que a qualquer instante pode explodir.

Outra reflexão possível sobre este ditado é a importância de deixar que as pessoas possam sofrer as consequências dos seus atos. Somente assim elas poderão rever suas atitudes e aprender com seus erros.

## 24 Quem fala demais dá bom dia a cavalo

Este ditado nos convida a uma reflexão muito importante: o cuidar da nossa fala. Muitas pessoas inteligentes, competentes e com um futuro promissor erram neste princípio básico. Na maioria das vezes por não cuidar da saúde psíquica e emocional, estas pessoas deixam ser levadas pelos sentimentos de angústia, medo, raiva e insegurança e começam a falar o que deveriam calar. Exemplo clássico são aqueles funcionários que, de maneira precipitada "batem de frente" com o seu chefe, descarregando nele toda a sua insatisfação com a empresa ou mesmo com a postura do seu supervisor. Quando o "vendaval" passa já é tarde. Os riscos de ser mal interpretado, de não ser compreendido pode levá-lo a perder uma promoção ou a perder até mesmo o emprego. A expressão *dar bom dia a cavalo* talvez signifique exatamente isto, ficar sem rumo, sem direção e confuso.

Outro risco que acomete todos é serem levados pela famosa fofoca. Muitas vezes os próprios amigos começam difamando um colega ou um chefe. De maneira despretensiosa, a pessoa passa estas informações para frente até chegar na vítima daquela fofoca. Quem começou a história é difícil saber, mas o último que contou vai ter que arcar com as consequências dos seus atos.

Antes de passar para frente o que você ouve é bom fazer algumas perguntas para si mesmo:

DITADOS POPULARES – SABEDORIA DE GERAÇÕES

1 – Você tem certeza do fato ocorrido?

2 – Se é verídico, isto acrescenta algo positivo na vida das pessoas que estão escutando?

3 – Você teria coragem para contar isto diretamente para as pessoas envolvidas?

4 – Como acha que se sentiria se o protagonista desta história fosse você?

De acordo com suas respostas você vai decidir se vale ou não passar esta história para frente. Muitos aborrecimentos serão evitados com esses simples cuidados.

CAPÍTULO 3

## 25 De grão em grão a galinha enche o papo

Este ditado com muita propriedade nos ensina que por mais longa que seja a caminhada ela sempre começa pelo primeiro passo. Se quisermos alçar objetivos maiores precisamos ter a humildade de fazer algo pequeno hoje. Foi assim que aprendemos a ler, a escrever, a exercer uma profissão, a conquistar feitos que jamais poderíamos imaginar.

É na rotina do dia a dia que iremos conquistar as coisas da vida. Infelizmente, estamos vivendo num mundo onde a pressa para alcançar os objetivos e metas está atrapalhando o foco no "grão" de hoje. Na ansiedade de encher o "papo" a "galinha" de hoje engole todos os grãos de uma vez, podendo ter problemas de engasgos e de digestão.

Para ser mais claro, os ansiosos por alcançar o sucesso imediato podem enveredar para a ganância e atropelar o processo de crescimento pessoal e profissional. Muitas pessoas hoje não querem fazer uma carreira ao longo de vários anos. Elas querem assentar na mesa do presidente da empresa logo ao serem escolhidos no processo de seleção. O objetivo almejado é chegar ao topo sem esforço, sem ter o trabalho de comer cada grão até se sentir saciado.

Em todas as áreas é possível verificar este fenômeno. Na educação, as promessas de um diploma rápido, na saúde receitas milagrosas para todo tipo de problemas físicos e emocionais. Na política, verdadeiros semideuses que prometem em quatro anos fazer tudo que os anteriores (inclusive ele próprio, muitas vezes) não conseguiram fazer ao longo da vida.

Apesar de tantas promessas mirabolantes, a realidade é apresentada de maneira sábia no ditado *de grão em grão a galinha enche o papo*, ou seja, somente através da dedicação diária é possível alcançar seus objetivos de maneira segura, eficaz e duradoura. O resto é fantasia carregada de promessas vazias de sentido para iludir o preguiçoso e ganancioso. Pense nisso, caro leitor!

## 26 Quem não tem pau não monta barraca

Este ditado antigo nos remonta ao tempo dos pequenos vendedores ambulantes, dos tropeiros que viajavam léguas montados em cavalos e carroças levando a produção familiar do campo para as grandes cidades. De maneira sábia nossos antepassados nos chamam a atenção para a importância do planejamento financeiro, do ter um capital inicial para investir em algo que no futuro possa dar um bom retorno econômico.

Este ditado nos alerta para os riscos de se aventurar em algo que não estamos preparados.

Trazendo este princípio comercial para as outras dimensões da vida, percebe-se que a preparação é fundamental para o nosso sucesso profissional e pessoal. Não estar preparado pode ser a causa principal de um fracasso. Seja nos negócios, na formação profissional, na vida afetiva e nos desafios que a vida nos apresenta a todo instante, a busca de um aperfeiçoamento deve ser uma constante na nossa vida, afinal, ninguém é perfeito e ir em busca deste "pau" para montarmos a nossa "barraca" é o grande segredo dos homens de sucesso.

Assim, se nos deparamos com um problema de saúde procuramos um médico, quando estamos sofrendo emocionalmente vamos atrás de um psicólogo. Exemplo clássico disto é quando a família enfrenta o desafio da dependência química. A maioria das vezes, a família tenta resolver o problema sem buscar ajuda adequada, ou seja, estão querendo montar a "barraca" da sobriedade sem ir em busca do "pau" do tratamento especializado. Com certeza, essas tentativas terminarão em fracasso.

Fica aí a dica: quer resolver um problema? Procure ajuda especializada.

## 27 É dando que se recebe

Este ditado na verdade é uma frase da oração de São Francisco de Assis, um santo da Igreja Católica que pregava o amor, a paz e uma vida simples em favor dos pobres e necessitados. Sua obra foi tão maravilhosa que seu processo de santificação na igreja durou apenas dois anos, o menor tempo de todos os santos.

Longe de questionar este santo homem, gostaria aqui de refletir sobre um aspecto importante que parece ter passado despercebido por este estimado santo. Quando se trata de uma relação de convivência com um dependente químico este princípio não funciona tão bem assim.

Num contexto de duas pessoas equilibradas e bem organizadas socialmente este ditado é um fato. Aliás, todas as relações saudáveis são pautadas por ele, ou seja, quando damos algo de nós, o outro tem a tendência de retribuir de alguma maneira.

Infelizmente, na relação do codependente com seu dependente existe uma situação patológica, isto é, doentia. O codependente é viciado em dar enquanto que o dependente é viciado em receber. Desta maneira quanto mais o codependente dá, menos ele recebe, e o pior, mais o dependente exige deste codependente.

Portanto, a família deve entender este ditado como o "dar" no sentido de dar um limite, uma lei, uma regra, um confronto, uma educação, um "não". Somente assim o dependente tende a sair deste lugar do pedinte e resolve assumir a responsabilidade de sua vida.

Que São Francisco me perdoe, mas esta observação é pertinente na realidade de hoje.

## 28 Quem não chora não mama

Desde quando me entendo por gente ouço este ditado. Ele é inspirado no instinto de um bebê que ao ter fome só possui o recurso do choro para sensibilizar a mãe das suas necessidades, que nem sempre será o leite. Às vezes pode ser sono, sede, cansaço, o carinho e o colo ou mesmo um mal-estar qualquer.

Ampliando o sentido deste ditado podemos pensar na importância de pedir com insistência. Saber o que se quer é o primeiro passo. O segundo é lutar pelo objetivo, procurando todas as pessoas que podem contribuir na realização deste projeto. O terceiro passo é ter a humildade de pedir às pessoas corretas. Na Bíblia tem uma passagem em que Jesus Cristo afirma: "Pedi e recebereis".

Você só saberá se o outro vai contribuir com você se abordá-lo. A perseverança e a repetição são as molas mestras do sucesso. Ninguém chega ao sucesso sozinho. Precisaremos sempre dos clientes, fornecedores, colaboradores e, por que não dizer, dos concorrentes, pois através deles somos impulsionados a melhorar cada vez mais.

O orgulhoso morre de fome, mas não chora. Ele é incapaz de demonstrar sua fragilidade. Já o humilde vai em busca de socorro naqueles que estão em condições de ajudar. Nesse sentido podemos entender a frase célebre de Jesus Cristo: "Somente os humildes herdarão o Reino dos Céus".

– *Tá* sofrendo? Procure ajuda!

## 29  Deus dá o frio conforme o cobertor

Este ditado é bastante utilizado, especialmente entre os religiosos. È possível fazer várias interpretações sobre o mesmo. Uma delas é considerá-lo como uma forma de alienação ou conformismo diante das nossas dificuldades, ou seja, transferir para Deus as nossas responsabilidades e infortúnios.

Outra leitura que se pode fazer deste ditado é uma visão mais profunda, mais positiva e rica em sabedoria. Ao contrário da visão anterior, esta maneira de ver estas palavras nos convida a acreditar no potencial humano para superar seus desafios. Olhando dessa forma, pode-se perceber que todos possuem capacidade não só para superar seus obstáculos, como também para aprender com eles e se saírem melhor depois deles. Sobre este ponto de vista é possível concluir que nenhuma pessoa é digna de dó, ou seja, este sentimento não é construtivo. O que o alimenta é acreditar que o outro não é capaz de resolver seus dilemas e que eu, como uma pessoa melhor, vou resolver para ele.

Na linguagem bíblica é possível constatar esta mesma visão no seguinte texto:

> *Não vos sobreveio tentação alguma que ultrapassasse as forças humanas. Deus é fiel: não permitirá que sejais tentados além das vossas forças, mas com a tentação ele vos dará os meios de suportá-las e sairdes dela.*

Com este ditado podemos concluir que Deus dá o frio conforme o cobertor, ou seja, para aquele que se encontra sintonizado com Deus todas as provações são passíveis de serem superadas. Assim, se estamos passando por dificuldades é na verdade uma grande oportunidade que Deus está nos dando para nos tornarmos cada vez mais fortes e experientes.

## 30  A boca fala daquilo que o coração está cheio

Este ditado nos diz que aquilo que a gente fala é exatamente aquilo que estamos sentindo, ou seja, falamos aquilo que tem dentro do nosso coração. Infelizmente, nem sempre isto acontece com o ser humano. A linguagem verbal passa pela razão e pela emoção. Desta forma, de acordo com o estado emocional e da nossa capacidade intelectual nós verbalizamos nosso conteúdo psíquico.

Além dos fatores internos que interferem na elaboração da fala, fatores externos como a nossa posição social e os laços afetivos que construímos com o outro também irão interferir no conteúdo da nossa fala.

Desta maneira este ditado não reflete exatamente o que acontece na realidade. Exemplo clássico disto são os nossos políticos. Diante das câmeras e holofotes da TV todos conseguem elaborar discursos convincentes, persuasivos e calorosos. Mas nos bastidores, muitas vezes não pensam da forma que falam e suas atitudes e seus compromissos não condizem com suas falas. No dia a dia isto também acontece com frequência. Diante de um chefe, de uma autoridade ou mesmo dos pais, nós não falamos o que pensamos.

Talvez este ditado tenha sentido em face de uma reação mais espontânea, mais emocional e impulsiva. Também se pode entendê-lo na visão bíblica quando Jesus afirma: "O que destrói o homem não é aquilo que entra pela sua boca, mas sim aquilo que sai por ela". Em outras palavras, se no coração do homem habitam sentimentos negativos, sua linguagem vai refletir exatamente isto: a negatividade que vai destruir o homem.

Portanto, cuidar dos nossos pensamentos e sentimentos é fundamental para mudarmos a nossa linguagem. Outro fator importante é cuidar do ambiente e das pessoas com as quais a gente convive.

## 31 Quando um não quer dois não brigam

Cresci escutando minha mãe falando este ditado para a gente. Todas as vezes que eu brigava com meus irmãos ou mesmo na rua, o castigo e um "courinho" de leve corriam soltos. Sempre os argumentos que nós usávamos eram: "Foi ele que começou". O semblante da vítima dominava as nossas faces e minha mãe sempre respondia: "Quando um não quer, dois não brigam".

Este ditado é a filosofia da não violência, da paz incondicional e espiritual. Jesus colocava-a em prática o tempo todo: "Quando teu inimigo lhe roubar uma túnica, dê-lhe a outra". Se a humanidade entendesse a profundidade deste ensinamento não teríamos notícias tão ruins pelo mundo. Como vai ocorrer uma briga se uma das partes recusar o embate?

Infelizmente, a nossa realidade é bem diferente deste ideal a ser alcançado. A grande maioria das pessoas ainda é movida pela lei do "olho por olho, dente por dente". Assim o "ringue" se completa. Com esta lei temos os adversários e inimigos para serem vencidos, derrotados ou mortos.

A natureza humana constrói o mal fora de si, pois desta maneira ele não o enxerga em si mesmo. O outro opositor é o responsável por todas as suas mazelas, tristezas e frustrações. Ele precisa construir um "inimigo" para transferir para ele a responsabilidade do seu fracasso.

Portanto, cada vez se torna necessário ao homem entender que seu maior inimigo não está fora dele, mas sim dentro de si. Fazendo isto destruímos este suposto "inimigo" externo desfazendo assim qualquer tipo de briga.

## 32 Costume de casa é que sai à rua

A característica principal dos ditados populares é a sua capacidade de passar uma mensagem de geração para geração. Normalmente eles são providos de muita sabedoria, experiência e observações dos mais antigos.

Este ditado é um convite a refletir sobre o processo de educação dentro do nosso lar. Desde os costumes simples como arrumar a cama, escovar os dentes, fazer orações em família, guardar as roupas limpas e colocar as roupas sujas no cesto, até os mais complexos, como os valores culturais da família estão aqui colocados.

É importante frisar que esse ditado nos mostra a importância da família na formação do caráter e na personalidade da criança e do adolescente. É fácil perceber porque a família é a célula da sociedade. É no seio dela que um bebê se torna gente, ou seja, é introduzido nos princípios da cultura na qual está inserido.

Desta maneira, não é exagero afirmar que se as famílias vão bem, a sociedade tende a estar bem também. Todos os problemas da humanidade têm como pano de fundo a deterioração dos valores familiares. Se no lar o costume são brigas constantes, desentendimentos, ganância, egoísmo e consumismo, as chances dos nossos filhos possuírem esses valores negativos são enormes e, com certeza, muitos problemas podem acontecer na rua.

Portanto é imprescindível para a evolução da civilização os resgates dos valores morais mais solidários e espiritualizados dentro dos nossos lares, afinal, é *o costume de casa que sai para a rua.*

## 33  Em time que está ganhando não se mexe

Este ditado é muito usado no meio do futebol. A grande pergunta seria para que mexer no time que está ganhando de todos os adversários? São enormes os riscos dessas mudanças prejudicarem o time e ele começar a perder.

Este mesmo raciocínio pode ser levado para todos os aspectos da vida. Para que se aventurar em algo novo se o antigo está atendendo as minhas necessidades?

No mundo movido pelas mudanças, as pessoas e as organizações não têm alternativa a não ser produzir continuamente mudanças nos seus processos, nos seus valores e crenças. O que fizemos no passado e que deu certo não necessariamente dará certo nos dias de hoje. Nesse sentido, as mudanças devem ser permanentes. O que precisa ser mudado talvez fosse uma rotina na vida de todos.

Pegando o exemplo do futebol, o Brasil com a sua onipotência de ter os melhores atletas do mundo e o futebol tetracampeão entrou nos gramados do Mineirão com o seu jeitinho brasileiro achando que os alemães seriam abatidos com tranquilidade. Foram surpreendidos pelo moderno futebol disciplinado, tático, que emplacou o célebre placar de 7x1. O moderno superou o antigo.

Assim, se você não quer tomar uma balaiada de 7x1 nos seus negócios e na sua vida, modernize, mude, tenha humildade de buscar novos conhecimentos na sua área ou até mesmo mudar de área de atividade, afinal, se você não mudar, a mudança poderá lhe atropelar. Isto serve até mesmo para o "time" que está ganhando.

## 34  O que não é visto não é desejado – II

Minha mãe sempre me dizia este ditado. Ele é o princípio básico do *marketing* e da propaganda. Existe uma verdadeira parafernália de estudos, de técnicas para a apresentação dos produtos e serviços para o consumidor final. Publicitários e administradores fazem de tudo para que o cliente veja o resultado do seu trabalho. Com detalhes precisos e uma arquitetura impecável, o consumidor é praticamente seduzido a ir às compras. Na televisão, nas mídias sociais, no rádio e nos jornais o objetivo é um só: ser visto para ser desejado.

Da mesma maneira, o que é a moda? Por que uma mulher passa horas no salão de beleza? A resposta é simples: para ser vista e ser desejada.

O mesmo acontece com os homens. Passam horas na academia, muitos deles não se importam muito com a saúde física e psíquica, mas sim, se preocupam com o corpo sarado, cheio de músculos para serem vistos pelas mulheres e assim serem desejados por elas.

O uso da droga, dos anabolizantes, dos emagrecedores, das tatuagens, dos *piercings* e tantos outros modismos têm como pano de fundo uma necessidade de aparecer para o outro e assim ser desejado e amado por ele. Esse movimento pode levar a vários problemas físicos e emocionais.

O mais importante é o bem-estar consigo mesmo. O corpo perfeito é o corpo saudável. Este deve ser o objetivo final. O que adianta ficar "belo" por fora e destruído por dentro? Seria como comprar uma linda embalagem que, por dentro, não teria nada. Propaganda enganosa!

## 35 Em terra de cego quem tem um olho é rei

Este ditado enfatiza a questão social do ser humano. Ninguém vive sozinho. Estamos sempre envolvidos com os outros. Somos influenciados pela opinião do nosso próximo e influenciamos também o outro. Construímos assim uma relação de mão dupla onde o dar e receber se alternam. Somos o resultado desta interação, portanto, o velho ditado: "Digas com quem andas que eu te direi quem és" tem sentido.

Este ditado também nos chama a atenção para a diferenciação que existe entre as pessoas. Em terra de cegos, ou seja, dos iguais, aquele que possui uma habilidade, um conhecimento, um talento maior acaba se posicionando no lugar do rei. Desta maneira, a importância de buscarmos um aperfeiçoamento profissional, ético, social e comunitário pode nos conduzir a um lugar supostamente confortável, o lugar do rei.

Por outro lado, uma maneira diferente de interpretar este ditado é a necessidade de sempre buscar novos ambientes sociais para o nosso aprimoramento. Às vezes, o "rei" se acomoda na sua cadeira e perde a possibilidade de crescer ainda mais. Assim, ele precisa ir em busca de outras pessoas que possuem "dois olhos". Fazendo assim, ele trabalha sua humildade, vislumbra novos horizontes e cresce na sua sabedoria e majestade.

Pode-se concluir então que temos que caminhar pelas duas vias, a via da diferenciação dos iguais e a via daqueles mais capacitados do que nós, mas ambas possuem um só destino: o aperfeiçoamento profissional e pessoal, fatores essenciais para o sucesso no mundo de hoje.

## 36   O coração dos outros é outro mundo

Sempre ouvi minha mãe falar este ditado. Na tentativa desesperada de proteger seus filhos dos perigos que o mundo oferece, procurava alertar sobre os riscos que existem no coração das pessoas. Com o mesmo sentido, outro ditado popular "Quem vê cara não vê o coração", também bastante usado pelos povos antigos, nos dá uma grande lição.

Jesus Cristo, conhecedor profundo da alma humana, coloca isto de uma maneira diferente: "Devemos ser mansos como uma pomba e prudentes como uma serpente". Muito sabiamente alerta os seus seguidores sobre a importância de estarem sempre precavidos das possíveis ameaças que podem vir de um outro.

Contudo, viver sempre desconfiado e acreditando que todas as pessoas são perigosas e desonestas, seria uma verdadeira prisão emocional. O pânico e o medo dominariam a nossa mente de tal maneira que a paz e a felicidade seriam banidos da nossa vida.

O coração dos outros, ou seja, a vida dos outros, os pensamentos e emoções são propriedades particulares de cada sujeito. É um mundo desconhecido do olhar do outro. Porém, é um território de experiências, sonhos, desejos e desilusões, frustrações e lágrimas. Enfim, um campo rico de vivências capazes de encantar o mais rude dos corações.

Carl Rogers (1902-1987), um psicólogo humanista americano, disse algo de uma profundidade ímpar: "Não tenha medo de conhecer você, porque você vai encontrar uma pessoa maravilhosa". Eu acrescento: "Não tenha medo de conhecer o outro, porque você vai encontrar uma pessoa também maravilhosa".

Conhecer o outro e a si mesmo é a maior e a mais incrível viagem que podemos fazer. Boa viagem.

CAPÍTULO 4

## 37 Um pinto só pia mais do que muitos juntos

Ouvi recentemente este ditado de uma paciente no meu consultório. Provavelmente ela deve ser oriunda do interior, muito observadora e, com um ouvido afiado, percebeu que um pinto quando fica sozinho começa a piar mais alto para chamar a atenção da sua mamãe galinha.

O contexto em que esta paciente lembrou do ditado estava relacionado com a educação dos filhos atualmente. Eu falava com ela de algumas teorias interessantes do meu falecido pai que dizia: "Um filho dá mais trabalho do que dez", "eu não criei dez filhos; os mais velhos ajudaram a criar os mais novos", "amor de pai e mãe é tão grande que precisa ser dividido para muitos filhos" e "o que eu dei para dez vocês estão dando para um, isto estraga seus filhos".

Talvez isso explique o porquê dos filhos estarem "piando" tão alto. Estão sozinhos na solidão dos meios de comunicação, nas agendas malucas de "pequenos executivos" que não encontram tempo para passear e brincar com seus pais.

Quando tem muitos pintos acompanhando uma mamãe galinha, o sentimento de pertencer a uma família é predominante. A alegria e a convivência coletiva alimentam emocionalmente os pintinhos. Uma cena linda de se ver.

Infelizmente, na família humana cada vez mais assistimos "pintinhos" abandonados e sozinhos implorando atenção, seja com comportamentos desviantes, dificuldades na escola e até mesmo no uso de drogas.

Com muita sabedoria, este ditado nos traz alertas.

## 38 Quem vê cara não vê coração

Apesar do corpo humano falar dos nossos sentimentos e emoções, poucos são aqueles que conseguem desenvolver habilidades para escutar esta fala. Num mundo tão corrido com o de hoje, estamos perdendo a capacidade e a sensibilidade de observar o olhar, o jeito de andar, a maneira de falar. Neste sentido é possível perceber a importância deste ditado: *Quem vê cara não vê coração*.

Exemplo clássico disto é no mundo das redes sociais. Todos felizes e prosperando, viajando para os lugares mais lindos do mundo, alimentando-se nos melhores restaurantes e postando cada passo das suas férias. Quem julgar as pessoas do Facebook pode achar que são todos maravilhosos, sem problemas e vivem harmoniosamente com seus familiares e amigos.

Outro exemplo disto são os barzinhos e botecos. Todos estão ali aparentemente felizes e sem problemas. Mas se alguém conseguisse penetrar no coração da maioria daquelas pessoas encontraria uma alma que chora.

Diante desta realidade, temos que tomar cuidado com as aparências. Muitas pessoas se apresentam como honestas, bem vestidas e com uma conversa apropriada para nos convencer de sua integridade. Mas no fundo suas intenções são outras. Jesus já nos alerta sobre isto de outra maneira: "Devemos ser mansos como uma pomba e prudentes como uma serpente".

Portanto, desenvolver a habilidade de "escutar" a alma é imprescindível para evitar contratempos ao longo da vida e lembrando sempre de outro ditado que complementa este: "As aparências enganam". Fica aqui o alerta.

## 39 Antes um pássaro na mão do que dois voando

Cresci escutando este ditado. Ele nos apresenta duas interpretações possíveis, contraditórias e passíveis de levar a gente a erros irreparáveis. Por um lado ele nos convida a não sermos tão gananciosos. Ficar desejando algo que a gente não tem e desvalorizando algo que está na nossa mão. Assim, ele nos chama a atenção para darmos valor ao nosso pássaro que está na nossa mão ao invés de ficarmos desejando os dois pássaros voando.

Se interpretarmos de maneira equivocada este ditado podemos cair no comodismo, no "marasmo" e na paranoia de ter medo de tudo, especialmente do desconhecido. Assim, muitas vezes um potencial humano pode ficar esquecido nas gavetas da insegurança e da falta de ousadia para buscar algo novo.

Uma frase de minha autoria sintetiza este dilema, ou melhor, esclarece este paradoxo: "Você só merece mais riqueza se agradecer a riqueza que já possui". Desta maneira, com o sentimento de gratidão nós vamos dar mais valor ao pássaro na mão e ao mesmo tempo estaremos abertos para ir ao encontro de dois pássaros voando, se isto for a nossa vocação.

Algumas pessoas podem se contentar com apenas um pássaro e ser felizes desta maneira. O que importa é o nosso desejo e a ousadia de conquistá-lo.

## 40  Cada macaco no seu galho – I

Este ditado simples e objetivo esconde muita sabedoria que, infelizmente, poucos conseguem aprender. Ele tem o mesmo sentido de um refrão de uma música que fez muito sucesso alguns anos atrás: "Cada um no seu quadrado, ado, ado, ado...".

Quando nos deparamos com algum problema, seja ele qual for, temos a tendência de tentar resolvê-lo sozinhos ou de falar dele para pessoas que nada podem fazer. Não raras vezes buscamos ajuda profissional de especialistas de outras áreas. Assim, vamos quebrando a cabeça e sofrendo com nossas dores físicas e emocionais. Muitas vezes ficamos apenas no campo da queixa anos a fio, vendo a situação piorar e nada de tomar uma atitude para resolver aquele problema.

É preciso tomar a decisão de ir de encontro à solução. Para isto é preciso definir algumas etapas:

1 – Fazer um bom diagnóstico.

2 – Definir qual o "macaco" para este "galho".

3 – Ter humildade de seguir as orientações deste "macaco".

4 – Pagar o preço deste "macaco" especialista neste "galho".

Fica aí a dica: procure ajuda profissional e especializada. Pare de sofrer e reclamar e vá atrás da solução, afinal, você nasceu para ser feliz e não para ficar chorando com o sofrimento.

## 41 Carro apertado é que chia

Este ditado nos convida a refletir sobre a importância de levarmos uma vida produtiva e cheia de compromissos. Lembro-me certa vez que o então presidente da República Fernando Henrique Cardoso convidou o Pelé para ser ministro dos Esportes e ele respondeu que não tinha tempo para isto. Fernando Henrique respondeu: "É por isto que eu lhe estou convidando. Não quero trabalhar com quem tem tempo de sobra".

O presidente sabia que somente quem trabalha e tem uma agenda cheia é capaz de produzir de maneira adequada. O ocioso não faz nada além de reclamar de quem faz. Assim, neste ditado, *carro apertado* são aquelas pessoas que sempre estão fazendo alguma coisa, construindo algo em benefício da sociedade. O *carro parado* fica em silêncio, não faz barulho.

Um ditado oposto a este é o "Mente vazia, oficina do diabo". Aquelas pessoas que não encontram nada para fazer, começam a fazer o que não devem. A mente vazia conduz a uma vida monótona, sem criatividade e sem beleza. A preguiça, a fofoca e a maldade tomam conta de sua história, acumulando ao longo da vida frustrações, contendas e fracassos.

Assim, faça seu "carro" andar apertado para "chiar" uma vida plena de amor, realizações e de sucesso. Sua vida vai valer a pena.

## 42  O que os olhos não veem o coração não sente

Neste ditado podemos fazer várias interpretações, mas com certeza, a importância dos nossos sentidos, especialmente o sentido da visão, na formação e na construção dos nossos vínculos afetivos é a mais importante.

Vínculos afetivos aqui não necessariamente só com pessoas, mas também com objetos, vida profissional e valores humanos. Em outros termos, o seu olhar pode mudar sua maneira de ser com as pessoas e com o mundo, mudando assim seu estado de espírito.

Cabe aqui uma pergunta: "o que nossos olhos estão vendo?". Se a resposta for filmes e reportagens de violência, programas de futilidades, novelas e coisas que nada acrescentam na nossa vida, nosso coração vai sentir exatamente isto. O medo, o pânico, a depressão, a ansiedade e tristeza vai tomar conta do seu coração. Da mesma forma, se nós filtrarmos o conteúdo daquilo que estamos vendo, buscando coisas mais saudáveis e positivas, vamos mudando os nossos sentimentos para melhor, tornando a nossa vida mais interessante e atraindo coisas melhores para nós.

Assim, ficar atento para onde nossos olhos estão direcionados é fundamental para o nosso crescimento pessoal e para a nossa qualidade de vida. Vale a pena tentar, afinal, o coração vai sentir e agradecer este esforço.

## 43 Há males que vêm para o bem

Certa vez eu estava fazendo um curso numa igreja evangélica quando eu falei este ditado tão conhecido do mineiro para a pastora. Ela ouviu atentamente o meu discurso e no final ela me deu uma resposta surpreendente:

– Este ditado está errado, Cláudio, o correto é "Há bem que vem para o bem".

Na hora não entendi direito a lógica da correção, mas ela foi logo me explicando:

– Este ditado tem o mesmo significado daquele outro "Deus escreve certo por linhas tortas". Para quem acredita na misericórdia e na perfeição de Deus tudo que acontece na nossa vida é para o nosso crescimento espiritual. Para quem tem fé, os males e as linhas tortas são um conceito humano. Por não entendermos as provações que nós passamos, achamos que elas são ruins.

Já se passaram alguns anos desde esta grande lição e, toda vez que eu me deparo dizendo ou ouvindo este ditado tento corrigir. O que é "torto" e "mal" é o nosso olhar.

Exemplo clássico disto é a experiência do enfrentamento do problema do álcool e das outras drogas. Parece que é uma oportunidade que Deus está dando para todos os envolvidos para conhecer a fundo a palavra Dele e a sua salvação. Milhares de testemunhos apontam para isto.

## 44 Deus dá, Deus cria

Ditado antigo que tem origem em uma época em que não existia nenhum tipo de método anticoncepcional. Só restava aos pais esta crença, ou seja, se foi Deus que mandou então eu devo aceitar tal dádiva Dele na minha vida: os meus filhos. Numa época sem recursos, sem conforto, sem o consumismo do mundo moderno, as pessoas possuíam mais fé e, como consequência, mais coragem e disposição para o trabalho e para a criação dos filhos.

Lembro certa vez que meu pai me falou: "Lá na roça, meu filho, quando um filho meu nascia, eu me trancava num quarto, agradecia a Deus por aquela bênção e pedia a Ele força, saúde e disposição para não deixar faltar nada para os meus filhos e para minha esposa".

Nos dias de hoje, com o advento de tantos métodos anticoncepcionais, com as mulheres preocupadas com suas carreiras profissionais, os casais estão adiando a grande dádiva de ter filhos. Assim, a cada ano nossas famílias são menores e a diferença de idade entre pais e filhos se torna cada vez maior.

O que antes era uma dádiva de Deus aos pais, passou a ser nos dias de hoje uma dificuldade para a realização de interesses pessoais. Um bom tema para refletir.

## 45 O pouco com Deus é muito

Este ditado traz uma sabedoria antiga. Ele nos mostra qual é realmente a importância da fé para a nossa realização pessoal. Contradizendo uma sociedade materialista que valoriza somente os bens materiais, o *status* da riqueza, este ditado chama a nossa atenção para o mais importante: a fé na presença de Deus.

Ele explica também algo que não tem explicação racional: como entender um fato tão inusitado dos países mais ricos do mundo possuir os maiores índices de suicídio? Todos nós conhecemos pessoas abastadas, que mantêm um padrão de vida elevado e estão afundadas nas tristezas, na depressão, no álcool e em outras drogas.

Podemos também modificar este ditado desta maneira: "O muito com Deus é muito" e sem Deus este muito se torna pouco. A segurança, a paz de espírito e a alegria de viver não se compram em uma loja de departamento e nem muito menos é rifada numa casa lotérica.

Neste sentido o mais importante não é ter muito, mas sim, ter a presença de Deus o máximo possível e, como diz Jesus Cristo: "Buscai primeiro o reino dos céus e tudo o mais lhe será acrescentado". Rico não é aquele que tem muitos bens, mas sim aquele que tem a fé na presença de Deus.

## 46  O cachorro que late não morde

Na roça é muito comum as pessoas utilizarem este ditado na tentativa de explicar aquelas pessoas que falam demais e fazem de menos. É comum na personalidade humana este fato. Normalmente, as pessoas que alardeiam grandes feitos, que contam vantagens e mais vantagens no fundo muitas vezes estão tentando esconder uma carência afetiva e uma fraqueza emocional. Nem sempre elas são tão boas assim.

Além disto, todos nós conhecemos pessoas nervosas, irritadas e de estopim curto, ou seja, qualquer coisa as tira do sério. O grau de tolerância é muito baixo e sem motivos que justifiquem esta reação, ela levanta a voz, fala palavrões e ofendem as pessoas mais próximas. Normalmente, as pessoas que convivem com ela começam a temê-la, evitando o contato e tendo mais cuidado ao falar alguma coisa.

Exemplo clássico disto é o dependente químico. Na ativa, ele grita, esperneia e ameaça os familiares codependentes. O que poucas pessoas sabem é que a maioria dos dependentes se for devidamente confrontados, recuam nas suas investidas, possibilitando assim, um espaço favorável ao tratamento. Daí a importância da família se fortalecer através do seu tratamento.

Este mesmo raciocínio pode ser feito nas demais relações humanas. Um político, um empresário ou um líder que aparentemente é forte nos seus discursos costumam ser frágeis nas suas intimidades. Uma pessoa forte dificilmente perde a compostura. Seu poder de resiliência é tamanho que aceita ser ofendida, caluniada e até mesmo maltratada. De maneira incrível, ela é incisiva, defende seus pontos de vista sem pagar com a mesma moeda. Defende-se e não se humilha.

Um bom exemplo de pessoas fortes são as verdadeiramente humildes. Jesus Cristo, Gandhi, Martin Luther King, Irmã Dulce, Madre Tereza de Calcutá, Chico Xavier e tantos outros lideres que transcenderam as barreiras de suas religiões.

Um bom exemplo de pessoas frágeis são as orgulhosas e vaidosas.

Portanto, apesar de não podermos generalizar, esta é uma verdade: "a grande maioria dos cachorros que latem não mordem". Não precisamos temer.

## 47 Tomar a sopa pelas beiradas

Este ditado completo é "comece a tomar a sopa quente pelas beiradas". Na beirada do prato a sopa fica mais fria, o risco de queimar a boca e a língua é bem menor. Na medida em que você vai mexendo e tomando a sopa, ela vai esfriando até você conseguir tomar toda ela.

Esta experiência nos convida a tomar cuidado com as coisas. Não ser precipitados nas decisões que tomamos. Não sermos movidos pelas emoções e impulsos. Precisamos entender que a vida é constituída por processos, etapas e metas. Não devemos atropelar essa dinâmica natural da evolução.

Para se chegar ao topo da escada, temos que subir um degrau de cada vez. Ao plantar uma semente, o agricultor tem que esperar o tempo dela germinar, crescer, florescer e dar frutos.

Nós, seres humanos, também temos o nosso processo. Cada um no seu tempo individual. Respeitar isto é fundamental para uma boa convivência social. Vamos começar devagar e sempre. As grandes mudanças começam com pequenas atitudes cotidianas.

Exemplo típico é quando uma família se depara com os desafios da dependência química e da codependência. A pressa de resolver o problema pode aumentá-lo. Internações involuntárias e compulsórias precipitadas é uma prática recorrente neste meio. Em pouco tempo, a família percebe que não vai dar conta de sustentar-se, caindo assim num quadro enorme de arrependimento e culpa. Por outro lado, na maioria dos casos, o dependente fica revoltado, traumatizado e não poucas vezes volta numa situação bem pior do que a anterior à internação.

Cabe à família a humildade de se submeter ao tratamento nos grupos de apoio, à terapia especializada e ir promovendo as mudanças gradativamente, colocando limites, mudando de atitudes até se sentir preparada para colocar o confronto quando necessário. Ou seja, tomar a sopa pelas beiradas para não queimar de forma precipitada a boca e a língua.

Fica aí a dica para todos que estão enfrentando tantos desafios no mundo de hoje.

## 48 Quem não arrisca não petisca

De maneira simples e objetiva este ditado nos convida a sermos ousados, renunciar ao medo que nos paralisa e ir à luta. Nada adianta ficar assentado só reclamando de tudo e de todos e transferir a responsabilidade sobre a sua vida para terceiros.

Ao longo da nossa vida temos que fazer escolhas arriscadas. Na maioria das vezes vamos errar, algumas vamos acertar. O grau de acertos não é o mais importante, mas, sim, o aprendizado que podemos ter com nossas escolhas. Muitas pessoas na dúvida e com medo de errar, passam sua existência sem realizar nada. Alienam-se em algum passatempo, em álcool e outras drogas, em diversões e lazer em demasia. Alteram a natureza humana, ou seja, deixam de trabalhar, de produzir e de criar para apenas viver em tempo integral como turista ao longo da vida.

Costumo dizer que existem dois tipos de pessoas. Aquelas que realizam e aquelas que reclamam e criticam quem realizou e nada fazem. Em qual grupo que você está?

Infelizmente, o grupo de quem realiza é a minoria. A grande maioria é do grupo dos "chorões e pessimistas". Tudo está errado para eles. Se não está, vai ficar. Amedrontados, só resta a eles transferir a responsabilidade dos seus fracassos ao governo, à família e às poucas oportunidades que têm para crescer na empresa. Este grupo costuma desenvolver um defeito de caráter muito grave: a inveja. O sucesso do outro mostra o seu fracasso. Como mecanismo de defesa do ego, este sujeito pode se utilizar da fofoca e da mentira para desqualificar o desempenho do outro.

Se você se enquadrou no segundo grupo, perdoe a minha sinceridade, mas você precisava ler isto. Seja humilde e reconheça esta sua fragilidade e tome a iniciativa de mudar. Você não nasceu assim. Experiências traumáticas ao longo da sua vida retiraram de você a autoconfiança e sua autoestima. Chegou a hora de você descobrir que é filho de Deus, dotado de capacidade infinita, a imagem e semelhança do Criador, capaz assim de construir uma nova história, de alegria e sucesso.

– ARRISQUE QUE VOCÊ VAI PETISCAR.

Sucesso!

CAPÍTULO 5

## 49  Cada macaco no seu galho – II

De maneira simples e objetiva, este ditado é rico em sabedoria no mundo dos negócios e na vida como um todo. Se todos os "macacos" fossem para um galho só, este quebraria e todos cairiam. Assim é a vida, cada pessoa nasceu com dons diferentes e vocação para fazer determinadas coisas. O segredo do grande líder é descobrir seus talentos de acordo com as necessidades da organização em que atua, seja ela uma empresa, uma igreja ou mesmo uma simples família.

Da mesma maneira, quando nos deparamos com alguma dificuldade específica é importante correr atrás de pessoas mais experientes e que dominam determinado assunto. Como nenhum ser humano é capaz de dominar todos os assuntos, precisamos ter a humildade e a sabedoria de procurar um bom profissional que domine aquele saber.

Infelizmente, quando nos deparamos com a dependência química e a codependência, a maioria das pessoas procura ajuda nos lugares errados. É fato recorrente a família ficar sofrendo e tentando resolver o problema sondando a opinião de vizinhos, colegas de trabalho e até mesmo de parentes que nada entendem desta doença e muito menos do tratamento. Até profissionais de saúde que não se especializaram nesta área costumam ser procurados sem nada resolver.

Assim, fica claro a nossa necessidade de reconhecer que os problemas surgidos com um membro da família envolvido com álcool e outras drogas são muito graves e que com a política do *achismo*, do amadorismo será difícil ser enfrentado.

Neste contexto, qualquer profissional de saúde sério deve utilizar a sua influência profissional para convencer seus pacientes a começarem a frequentar os grupos de ajuda mútua, afinal é fato já comprovado que ninguém, em nenhum lugar do mundo, recupera dependentes de álcool e outras drogas como os grupos de AA, AE, NA, Al-Anon, Nar-Anon, Caná e tantos outros. Óbvio que, em muitos casos, o acompanhamento de médico e de psicólogo especializados nesta área pode contribuir e muito no tratamento.

Assim, *cada macaco no seu galho* nos convida a encontrar as pessoas certas para resolver questões simples e/ou complexas. Valorizar esses profissionais e remunerá-los de maneira adequada é o nosso grande desafio.

– E você? Já encontrou o seu galho?

## 50 O olho do dono é que engorda o boi

Aprendi este ditado desde a minha infância com meus pais e, toda vez que eu ia às fazendas dos meus avós e meus tios, ele era sempre reforçado. Com muita sabedoria, as pessoas simples do interior davam uma lição de administração dos seus pequenos negócios.

Os tempos foram mudando e, nos dias atuais, este "olho" agora é outro. Grandes organizações são dirigidas por administradores e demais profissionais de gerenciamento. Os donos do negócio muitas vezes são apenas acionistas ou dirigentes de altos cargos de direção, inviabilizando sua presença junto ao "boi". Dessa maneira, "o olho do dono" passa a ser o olhar deste homem de confiança. Outra ferramenta importante hoje no mundo moderno são os controles de gestão informatizados. Mesmo na ausência do dono, é possível engordar o boi.

Porém, para o microempreendedor, o pequeno comerciante e até mesmo para o empregado que almeja construir uma carreira profissional, este ditado continua mais atual do que nunca. O "dono" do negócio deve estar à frente do empreendimento, deve procurar sempre se atualizar e buscar as ferramentas adequadas para o seu desenvolvimento e crescimento.

Expandindo esta ideia para os nossos problemas emocionais e de relacionamentos, somos nós, os "donos" destes desafios que devemos ser os protagonistas da solução. Ir em busca de ajuda, tendo a consciência de que o principal responsável pelo seu tratamento é você mesmo. Os médicos, psicólogos e demais profissionais de saúde serão, apesar de importantes, apenas coadjuvantes da sua melhora.

Em se tratando da dependência química e da codependência não é diferente. Você é o "dono" desses problemas. Não adianta terceirizar o tratamento. Transferir para o profissional, para uma clínica, uma Comunidade Terapêutica ou mesmo um grupo de apoio não vai funcionar, ou seja, não vai engordar "o boi" da sobriedade.

Somente quando realmente assumirmos o nosso compromisso com a nossa vida teremos a possibilidade de resolver problemas tão graves. Fica aí o lembrete dos nossos antepassados: *o olho do dono é que engorda o boi.*

## 51  Pardal que acompanha joão-de-barro vira pedreiro

Escutei este ditado recentemente. Anotei-o rápido para não me esquecer, afinal podemos fazer boas reflexões a partir dele. Usando os recursos da natureza ele nos convida a pensar sobre a importância do ambiente social que vivemos, mais especificamente, das pessoas que a gente tem contatos mais próximos.

De tanto conviver com o joão-de-barro, o pardal pode ser influenciado por ele para também construir seu ninho com barro, ao invés de usar os gravetos. Assim, ele sai da sua condição natural e se deixa ser levado por uma interferência social.

Este ditado não fala dos dois pássaros, evidentemente. Ele está falando da natureza social do homem, ou seja, como ele pode influenciar e ser influenciado de acordo com suas relações sociais.

Esta realidade fica evidente com a história do Tarzan. Uma criança que foi criada por uma macaca no meio da floresta. Ele foi se adaptando a este meio e passou a ter o fôlego de um jacaré, a força de um leão e a *expertise* de um macaco.

Trazendo para o nosso dia a dia, não fica difícil perceber a importância das nossas escolhas, especialmente aquelas relacionadas com os nossos grupos de amigos, ambientes de convívio e é óbvio, os nossos familiares.

No trabalho com os dependentes químicos e suas famílias, chamamos muito a atenção dos envolvidos para este cuidado. Como permanecer sóbrio frequentando um ambiente regado a álcool e às outras drogas? É neste sentido que dizemos com convicção para os nossos residentes na Fazenda de Caná: "Vocês não estão aqui apenas para parar de usar drogas, vocês vieram para mudarem seus estilos de vida".

Da mesma maneira, todos devem ficar atentos com quem e onde a gente convive, afinal, se tiver andando com um joão-de-barro, podemos virar pedreiro.

## 52   O pior cego é aquele que não quer ver

Em se tratando do ser humano, tudo se torna mais complexo e coisas simples podem tomar uma dimensão assustadora. O ato tão natural como o de enxergar tem as particularidades de cada sujeito. Exemplo disso são as visões distorcidas que temos do mundo real. Diante de um fato teremos várias versões diferentes. Todos presenciam um fato, mas cada um dá uma interpretação peculiar.

Vários fatores vão interferir na visão. O estado emocional, o interesse pessoal, as habilidades como atenção, inteligência, observação e estímulos do campo visual promovidos desde a nossa infância.

Concentrando nossa reflexão apenas nos problemas emocionais, um fenômeno extremamente comum é o da negação do fato. Diante de uma realidade cruel a qual é difícil de aceitar, temos a tendência de negar o fato. Enxergar um filho iniciando o uso de drogas costuma ser muito doloroso. Lembro certa vez uma mãe chegou para mim e falou:

– Cláudio, tomei o maior susto. Fui guardar a roupa limpa do meu filho e quando abri o guarda-roupas, me deparei com um pacote branco. Entrei em pânico e fui questioná-lo já acusando se aquilo ali era dele e se era cocaína. Ele, na maior tranquilidade, me falou que não e que era bicarbonato.

Esta mãe ficou aliviada e pegou o dito "bicarbonato" e jogou no vaso. Eu questionei: – Se você tinha tanta certeza que era bicarbonato porque não o reaproveitou na cozinha?

É óbvio que estávamos diante de uma negação, ou seja, de uma pessoa que enxergava, mas não queria ver. Poderíamos afirmar sem sombra de dúvidas: uma cegueira emocional.

É preciso romper a "cegueira emocional", pois através dela ficamos paralisados, incapazes de produzir mudanças efetivas para obter resultados diferentes. Pense nisso e tire a "trave dos seus olhos" para enxergar os fatos.

## 53 Quem não deve não teme

Este ditado é famoso. Ele nos convida a pensar na consciência tranquila de não fazer nada de errado. Se estamos corretos, se somos honestos e não vivemos produzindo mentiras não deveríamos temer nada.

Infelizmente as coisas não são tão simples assim. Mesmo as pessoas que não devem, costumam temer. Um bom exemplo é quando paramos numa *blitz*. Mesmo com a documentação e a manutenção do carro em dia, só a presença da autoridade policial já nos traz medo e respeito. Sempre passa pela nossa cabeça a ideia do policial encontrar algo que nós não vimos e os riscos de uma multa ou mesmo apreensão do veículo é enorme.

É óbvio que para quem está devendo os impostos, negligenciando a manutenção do veículo e dirigindo sem habilitação ou embriagado, o medo vai virar um temor, um pânico e um desespero.

Outra situação comum do cotidiano são as pessoas vítimas de assalto. Mesmo não devendo passam por uma experiência traumatizante e passam a temer ser vítima novamente.

Neste sentido, este ditado está pautado numa "meia verdade". Ele nos chama a atenção para o cuidado de sermos corretos nas nossas atividades. Com certeza a tranquilidade será muito maior e o temor bem menor.

O mentiroso, o manipulador e aqueles que gostam de prejudicar os outros, com certeza, vivem num inferno emocional, sempre com o receio de alguém descobrir suas falcatruas. Assim, ficam sempre na defensiva e nas explosões emocionais de raiva e de ameaças.

Portanto, além de não dever, precisamos buscar uma paz espiritual para superar o temor, já que o medo está muito associado à falta de fé.

## 54 Quem planta tâmaras não colhe tâmaras

Este ditado nos chama a atenção para um fato bastante significativo. Aparentemente oposto àquele famoso ditado "quem planta colhe", ele nos mostra que nem sempre iremos colher o que plantamos. Exemplo disto são as tamareiras que levam cerca de 90 anos para darem os seus primeiros frutos.

Certa vez um jovem encontrou um senhor de idade plantando tâmaras e logo perguntou: – Por que o senhor planta tâmaras se o senhor não as vai colher?

O senhor respondeu: – Se todos pensassem como você, ninguém comeria tâmaras.

Assim é a nossa vida. Ao longo dela vamos semeando nossos frutos na incerteza do agricultor. Somente o tempo vai nos dizer se a semente vai "vingar" como diz o povo da roça. Na fé e na coragem o agricultor semeia sua semente. Ele tem que decidir entre a certeza e a dúvida. A certeza de que se não plantar não vai colher ou a dúvida se plantar pode colher ou não.

De forma análoga nós devemos plantar nossas sementes, fazer nossas obras, dedicar-nos de corpo e alma à nossa grande missão de viver. Além disso, é fundamental o processo do desapego com os resultados. Os frutos podem aparecer ou não e, muitas vezes, vão aparecer quando partirmos desta vida. Outros colherão.

Este ditado também nos convida a pensar na solidariedade humana. Num projeto de longo prazo além da nossa existência corporal. Assim é fundamental aprender a plantar e cultivar ações que não sejam apenas para você, mas que sirvam para todos. Nossas ações hoje refletem o futuro... Se não é tempo de colher, é tempo de semear. Nascemos sem trazer nada, morremos sem levar nada...

E, no meio do intervalo entre a vida e a morte, brigamos por aquilo que não trouxemos e não levaremos... Pense nisso: *Viva mais, ame mais, perdoe sempre e seja mais feliz.*

## 55  Amigos, amigos. Negócios à parte

Este ditado voltado mais para os negócios pode ser entendido de várias maneiras e em muitas situações nas relações afetivas, familiares e profissionais. Todas as relações humanos deveriam ser pautadas nos princípios éticos, ou seja, nos valores morais de uma determinada cultura. Na democracia, independente dos laços afetivos envolvidos, deveríamos estar submetidos à lei em toda a sua plenitude. Neste ponto é importante ressaltar que entendemos não só a lei do Estado propriamente dita, mas também as leis dos costumes sociais e religiosos.

Para ficar mais claro, nada melhor do que um exemplo prático. Um filho muito amado pelos seus pais e demais familiares começa a usar drogas e cometer pequenos furtos. É obrigação dos pais corrigi-lo e definir quais serão as consequências por estes atos contrários aos princípios familiares e sociais. O afeto e o sentimento não deveriam interferir nestas decisões. *Filhos, filhos, Respeito à parte*. Neste exemplo, fica muito claro que, por ser filho, o compromisso dos pais ainda é maior em educar do que se fosse um estranho.

Num outro contexto, é possível observar a eficácia deste ditado. Quando uma mãe, pai ou outro parente qualquer chega a fazer um empréstimo para um membro da família é muito comum o responsável pelo pagamento "enrolar" ou até mesmo não quitar seus débitos com o familiar e pior, pagando outros compromissos. Este fato acontece porque as pessoas envolvidas não respeitaram este ditado. O negócio ficou misturado com o pessoal.

No contexto empresarial propriamente dito, este ditado nos convida a refletir sobre a necessidade de ao "tocar" qualquer empreendimento é necessário a competência técnica, ética e muita responsabilidade. Os vínculos de amizade e afeto não devem se sobrepor a estes princípios fundamentais para o sucesso da empresa.

Portanto, cabe a cada um preservar uma postura profissional e respeitosa em qualquer situação social. Separar a amizade e o envolvimento emocional dos processos decisórios racionais é uma boa dica não só para a nossa vida profissional, mas também para nossas relações familiares.

## 56 Os fins justificam os meios

Este ditado me traz a ideia do Robin Hood, herói mítico inglês que roubava dos ricos para dar aos pobres. Comportamento ambíguo e contraditório. Ao mesmo tempo em que cometia um crime (roubava) ele fazia uma caridade (doava). Onde fica a ética dessas atitudes?

Muitas vezes nos deparamos com esta realidade. Na ânsia de alcançar metas de vendas é comum o vendedor utilizar argumentos mentirosos para convencer o comprador a levar determinado produto. Na tentativa de impedir que nosso filho venha a usar drogas nós recorremos a argumentos mentirosos e manipuladores.

Será que os fins justificam os meios? Será que com o pretexto de combater a corrupção podemos rasgar a Constituição de um país e pôr em risco o regime democrático e de direito? Será que com o objetivo de ganhar eleições tudo é válido, inclusive divulgar *Fake News* contra os adversários na tentativa de desqualificá-los?

Infelizmente, tal prática é cada vez mais comum na sociedade como um todo. Vale tudo para se levar vantagem em tudo. O compromisso ético e o respeito às leis devem estar acima dos objetivos, ou seja, os meios são mais importantes do que os fins. Se alcançarmos os fins sem ética é apenas questão de tempo para todo o projeto ruir.

Como diz minha mãe com sabedoria: – A mentira tem perna curta. Mais cedo ou mais tarde a verdade virá à tona. Nada contra os ideais nobres e os objetivos sociais elevados, mas tudo isto deve ser alcançado com dignidade.

Portanto, é melhor e traz enorme paz espiritual mudarmos este ditado se colocarmos um *não* nele: *os fins NÃO justificam os meios*. Assim, o nosso herói Robin Hood não é tão herói assim. Ele seria se encontrasse outras formas de conseguir, por meio do trabalho ou de doações, recursos para atender às necessidades dos pobres, não se utilizando do que roubo dos ricos.

Pense nisso! Só assim construiremos um mundo melhor mediante as nossas atitudes positivas.

## 57 A mentira tem pernas curtas

Este ditado é muito antigo. No mesmo sentido minha mãe sempre dizia: "A mentira só vale enquanto a verdade não chega". No meio de tantas notícias falsas nas redes sociais, passamos a acreditar que elas são verdadeiras. Repassamos sem nenhum critério para todos os nossos contatos destruindo sem piedade a moral e a dignidade de tantos inocentes. Ficamos estarrecidos com tanta baixaria e isto chega a afetar diretamente os resultados de eleições em nosso país.

Infelizmente, pessoas inocentes foram condenadas e pessoas culpadas ficaram livres. Movidas pelo ódio impregnado em tantas mentiras, pessoas de bem passaram a acreditar nelas, dividindo o Brasil em dois *Brasis*. Um lado se sente o portador da bondade, da honestidade, da competência e da moralidade, enquanto o outro é o mal encarnado em pele e osso.

Isto já é bíblico, um Reino dividido é um Reino fadado ao fracasso. Esta é a realidade brasileira hoje. Os dois lados estão cegos e o país afunda na maior crise institucional da sua história. Para destruir um grupo tudo pode, inclusive rasgar a Constituição do país.

Este ditado nos dá esperança que mais cedo ou mais tarde a verdade virá à tona. O joio será separado do trigo. A justiça dos homens é falha, mas a justiça de Deus é implacável.

Assim como acontece em termos de país, nos nossos relacionamentos a verdade vai sempre prevalecer.

Por isto, sempre é bom escolher a verdade. Costumo dizer para os nossos dependentes em recuperação a seguinte frase: "Não se consegue a sobriedade em cima de mentiras".

Da mesma maneira, sua paz espiritual, sua prosperidade financeira e a harmonia familiar só será alcançada com a verdade. A mentira o empurra para a culpa e para os vícios de maneira geral, trazendo tristeza, desânimo e doenças mentais, emocionais e até mesmo físicas.

Sabendo que a mentira tem pernas curtas, vamos então optar pela verdade. Isso é sabedoria, afinal, a *Verdade vos libertará*. *A mentira vos escravizará*. Pense nisso!

## 58 Faça do limão uma limonada

Tirando as propriedades nutricionais desta fruta tão abençoada como o limão, este ditado se vale apenas do azedo dela. Simbolizando as coisas aparentemente ruins que acontecem em nossa vida é possível aprender que nada na verdade possui valor por si só. O que interessa é o nosso olhar sobre o fato.

Nessa perspectiva, fazer uma limonada significa pegar algo "azedo" e transformar numa deliciosa bebida. Aprender com os erros, com as experiências e procurar sempre ver o lado bom das coisas é uma grande oportunidade de crescimento. De nada adianta ficar reclamando do "limão" que a vida nos oferece.

Quando fazemos isto, começamos a ficar azedos com os limões. Todos os que se aproximam de nós vão sentir esta energia ruim e com o tempo tendem a se afastar. Afundados nos nossos ressentimentos e mágoas, passamos a desenvolver quadros profundos de depressão e ansiedade, culminando em comportamentos antissociais que não raro vão se manifestar em vários sintomas psicossomáticos.

*Fazer do limão uma limonada* é um ditado extremamente otimista e rico em sabedoria. Pessoas que conseguem pôr isto em prática normalmente são pessoas otimistas, alegres, contagiantes, bem-humoradas e extremamente carismáticas. Sua principal qualidade, porém é a resiliência, ou seja, sua capacidade de se adaptar às circunstâncias adversas e aprender com elas.

Portanto, cabe a cada um de nós fazer esta escolha: ficar chupando limão com aquela cara azeda ou fazer uma deliciosa limonada, apreciando sem moderação esta bebida tão saudável. Primeiro você escolhe e depois você colhe. Suas escolhas estão em suas mãos.

## 59 Cavalo dado não se olha os dentes

Ditado muito popular no interior de Minas, ele nos convida a pensar que, se eu estou ganhando alguma coisa não devo ter nenhuma exigência. Normalmente, o fazendeiro cuidadoso com seus negócios quando vai comprar um cavalo, ele precisa olhar o estado de saúde do mesmo, inclusive olhar os dentes.

Segundo o ditado, se o cavalo é doado não devemos ter este nível de exigência. Qualquer animal serve. Esta ideia me remete a outro ditado que diz: "De graça até injeção na testa". Em algumas situações acredito que isso é válido, porém na grande maioria podemos entrar numa grande "furada" como diz a gíria.

Suponha que você ganhe um cavalo que, além de ter problemas dentários, esteja com problemas de saúde grave e que não terá condições de trabalhar para você, além de proporcionar despesas altas com cuidados veterinários. Não vai demorar muito para você perceber que na verdade ele foi um "presente de grego", uma referência ao Cavalo de Troia utilizado pelos gregos para conquistar a cidade de Troia.

Outro ditado que contradiz este é o famoso "Quando a esmola é muita até o santo desconfia", ou seja, até aquilo que nos é doado merece o nosso cuidado ao receber.

Um bom exemplo para essa situação é a escolha de uma Comunidade Terapêutica para internar um familiar dependente. Muitas vezes a família opta por aquela mais barata ou gratuita, sem levar em consideração os serviços prestados pela mesma. Os riscos de se arrependerem no futuro são enormes.

Assim, mesmo *sendo o cavalo dado, deve-se olhar os dentes*. Fica aí mais uma lição.

## 60 Um gambá cheira o outro

Como a maioria dos ditados populares, este também tem sua origem no homem do campo. Os fazendeiros e os trabalhadores rurais sabem que a grande maioria dos animais vive em bandos de iguais. A necessidade de se agrupar é normal entre eles: pássaros, aves, porcos, gado, cavalos, etc.

Com o gambá não é diferente. Ele sempre anda pelo campo, sobe nas árvores e faz seus ninhos em grupo. Como seu mecanismo de defesa é o mau cheiro que exala quando se sente acuado ou atacado, os outros animais fogem dele. Porém, outro gambá é capaz de conviver com este mau cheiro característico, daí nasceu este ditado: *um gambá cheira o outro*.

Reportando este princípio para a convivência humana é possível perceber que não existe muita diferença entre nós e esses animais irracionais. Os homens possuem uma necessidade de se agrupar, não entre os iguais, mas sim, entre os semelhantes. A diversidade humana é tamanha que temos a tendência a nos agrupar com pessoas com as quais temos afinidades. Atividade profissional, crenças religiosas, hábitos, lazer, situação socioeconômica, faixa etária, questão de gênero, atividade cultural e esportiva são apenas algumas situações que podem nos aproximar ou nos afastar uns dos outros.

Sendo mais específico: um dependente de álcool terá a tendência de se agrupar com outros dependentes. Da mesma forma, as pessoas que não fazem uso desta substância, vão ficar mais à vontade com outros que se abstêm desta droga.

Não tem sentido, portanto, o dependente químico que tomou a decisão de abandonar as drogas continuar andando com os colegas que ainda fazem uso delas. Muitos não conseguem alcançar a sobriedade porque ainda insistem em continuar frequentando os mesmos ambientes e convivendo com as mesmas pessoas. De tanto conviver com *os gambás* vão acabar se acostumando com o cheiro deles e assim todo o tratamento corre o risco de fracassar.

Fica o alerta.

CAPÍTULO 6

## 61  Quem manda deita na cama

Conheci este ditado recentemente atendendo um paciente no meu consultório. Depois de ouvi-lo fiquei pensando sobre o seu significado e cheguei a algumas conclusões que acredito ser interessante compartilhar com nosso leitor.

Ele deixa claro a importância da hierarquia em qualquer organização social, seja numa empresa, numa igreja ou mesmo numa família. Neste sentido, cabe a pergunta:

– Quem está deitando na cama da sua casa?

Uma visita não vai direto para a sua cama. Quem manda na casa é quem se deita na cama. Infelizmente, na estrutura familiar de hoje esta noção de liderança, de respeito e de autoridade está se perdendo. Em muitas famílias – não é exagero dizer – quem está deitando na cama e mandando são os filhos, especialmente os dependentes de álcool ou outras drogas.

Deitar na cama simboliza o ficar confortável e à vontade na segurança de um lar. Muitos pais que deveriam mandar na casa, afinal são responsáveis pela manutenção da mesma, tornaram-se reféns dos seus filhos que, sem nenhum pudor, *retiraram seus pais da cama* e passaram a dominar toda a família, mesmo não contribuindo com nada dentro de casa.

Assim, este ditado nos convida a assumir o nosso papel de dirigentes do nosso lar, recuperando o espaço perdido de quem manda para que possamos voltar para a nossa cama.

Para que isto aconteça, os pais e demais familiares devem procurar ajuda para se fortalecerem emocionalmente e, muitas vezes, até fisicamente. Na medida em que a família consegue reagir, ela deve começar a colocar os limites e, se necessário, estabelecer o confronto com seu dependente.

Após as primeiras reações contrárias às novas medidas, o dependente não terá alternativa a não ser se adaptar a esta nova realidade. Somente assim os pais poderão *deitar na cama* em paz.

## 62 Não se faz omelete sem quebrar os ovos

Talvez este ditado seja um dos mais interessantes para a nossa vida em todos os aspectos, seja financeiro, emocional, social, profissional e até mesmo espiritual. No mercado financeiro você tem que primeiro investir seu dinheiro para conseguir ter os rendimentos. No emocional, você tem que investir tempo, atenção e cuidado com a sua saúde emocional para obter bons resultados.

DITADOS POPULARES – SABEDORIA DE GERAÇÕES

Muitas pessoas querem receber sem dar. Querem ganhar dinheiro sem trabalhar. Querem carinho e atenção sem oferecer carinho e atenção. Querem rendimentos sem aplicar o dinheiro. Querem comer omelete sem quebrar os ovos.

Acompanhamos isto no dia a dia dos consultórios e nos grupos de ajuda mútua. Pacientes com problemas graves querem a solução mágica em poucas sessões ou mesmo por telefone. Vão às reuniões poucas vezes e desistem do tratamento.

As famílias que possuem problemas de drogas são exemplos claros disso. Apesar de todo o sofrimento, muitas vezes não conseguem reagir para buscar ajuda. Preferem ficar reclamando dos problemas e recusam o tratamento. Não diferente é a situação do dependente químico. Querem parar de usar drogas, mas não investem na sua sobriedade. Não participam dos grupos, não leem nada sobre o assunto. Não tomam os remédios prescritos pelo psiquiatra e não dão sequência ao tratamento com o psicólogo. Mas continuam reclamando e se vitimando de tanto sofrimento.

Temos que quebrar os ovos, ou melhor, primeiro temos que fazer o investimento: comprando os ovos, o óleo, o sal, o queijo, o presunto. Depois temos que trabalhar: bater no prato, levar ao fogo, esperar o ponto para virar a omelete. Só assim chegará o momento de desfrutar o prazer de uma deliciosa omelete.

Hoje estamos invertendo esta lógica, queremos comer nossa omelete, mas os outros que façam todo o trabalho. Isto com certeza não dará certo, afinal, nem sempre teremos pessoas disponíveis para entregar a omelete de bandeja para nós. Pense nisto!

## 63 Cada cabeça uma sentença

Este ditado, de maneira simples e objetiva, sintetiza a natureza humana, ou seja, cada sujeito possui uma maneira particular de ver o mundo e a si mesmo. O mesmo fato tem aspectos individuais de acordo com o olhar de cada um. Assim, quando a gente está dando uma palestra para cem pessoas, na verdade estamos dando cem palestras ao mesmo tempo. Isso acontece porque todos ouvem de acordo com suas histórias de vida particulares.

Este princípio é fundamental não só para o entendimento de cada indivíduo, mas também para um bom relacionamento afetivo e social. Apesar de todos sermos da mesma raça – a humana –, somos seres individuais com características próprias e singulares. Baseado nesta realidade, precisamos desenvolver a capacidade de entender o ponto de vista dos outros sobre qualquer aspecto da vida. O nome que damos a essa capacidade é empatia. Somente quando conseguimos ter este olhar seremos capazes de nos fazer entender. É exatamente nesta troca de "olhar" que se estabelece o diálogo verdadeiro, capaz de promover nosso crescimento pessoal.

A família, a escola e a igreja deveriam contribuir para a construção de espaços capazes de facilitar este diálogo. Infelizmente, os meios de comunicação que deveriam contribuir com este debate, na verdade, estão destruindo esta possibilidade. Além do isolamento social provocado pelas redes sociais, os algoritmos utilizados canalizam as pessoas a textos e vídeos voltados para seu interesse específico. Exemplo disso é o YouTube. Se clicamos em um vídeo de tendência aos ideais políticos da direita ou da esquerda, o sistema enviará somente vídeos com essa tendência manifestada e que reforça uma visão de mundo.

Dessa maneira, o olhar passa a não ser mais crítico, dificultando a possibilidade de um diálogo saudável e enriquecedor. O radicalismo e a intolerância predominam e os conflitos são meros resultados deste fato.

Diante de tal realidade, é necessário criar espaços onde o debate e o diálogo possam acontecer, respeitando a individualidade de cada sujeito e a consciência de que, na verdade *cada cabeça uma sentença* deveria ser uma meta de toda a sociedade. Fica a dica.

## 64 Filho criado, trabalho dobrado

Ditado muito popular entre os pais. Todos nós sabemos que criar filhos é um desafio, especialmente nos dias de hoje. Eu costumo dizer que ter filhos é a maior dor de cabeça que podemos arrumar, porém, também é a maior dádiva que Deus nos proporciona. Nada é mais incrível do que ser coparticipante da criação de um ser humano.

Muitos pais reclamam muito dos filhos, mas pergunte para eles se seriam capazes de abrir mão dos seus amados filhos. Com raríssimas exceções, a grande maioria iria dizer em alto e bom som: – NÃO!

Este ditado é verdadeiro quando os pais não conseguem sair do lugar de provedores e responsáveis pela vida dos seus filhos. Na ânsia de querer controlar seus "marmanjos", percebem que os mesmos já não fazem todas as vontades dos seus pais. Daí o conflito e o trabalho dobrado.

Os pais precisam entender que, na medida em que seus filhos vão crescendo, eles precisam *correr atrás* da autonomia financeira e emocional. Eles poderão fazer escolhas contrárias aos valores éticos e morais dos pais e, com muito pesar, os pais terão que deixá-los sofrer as consequências destas escolhas. Só assim conseguirão amadurecer.

No desespero de controlar suas escolhas, os pais codependentes terão essa sensação de que quanto mais velhos os filhos, mais trabalho eles darão. As coisas não precisam ser assim. Se os pais procurarem ajuda através de psicólogos, pediatras, grupos de apoio ou mesmo em leituras específicas sobre educação de filhos, eles poderão entender este processo de amadurecimento psíquico de todo ser humano, resignificando seus papéis de pais e construindo uma relação mais saudável e menos trabalhosa com seus queridos filhos.

Recomendo o meu livro: *Preparando seus Filhos para a Vida*. Ele pode ser útil para lhe ajudar a sair deste lugar de ficar olhando seus filhos como apenas um peso a carregar pelo resto da vida, afinal, nós nascemos para viver a nossa vida e não a vida dos nossos filhos. A recíproca também é verdadeira.

Não rima, mas poderíamos mudar este ditado para *filho criado, trabalho diminuído*. – Pensem nisso, meus queridos papais.

## 65 É na guerra que se conhece o soldado

Este ditado surgiu recentemente em meio à pandemia da Covid-19. Percebi alguns políticos trazendo a responsabilidade para si e outros se omitindo diante dela. Percebi pessoas que, mesmo correndo riscos de vida, largam seus familiares para salvar outras vidas nos leitos dos hospitais.

Eu vi nesta guerra contra este inimigo invisível, pessoas virando a noite fazendo máscaras para proteger vidas. Vi empresários mudando toda a estrutura do processo produtivo para produzir respiradores e equipamentos de proteção individual. Vi bombeiros fazendo *shows* para as pessoas confinadas. Vi comunidades se organizando distribuindo cestas básicas. Vi psicólogos, médicos, artistas, padres, pastores, leigos fazendo *lives* e grupos de apoio virtuais

Nesta guerra, eu vi a sociedade se organizando. Vi também pessoas se divertindo, fazendo chacotas, piadas. Vi até alguns fazendo carreatas e aglomerações. Vi pessoas não acreditando na pandemia e fazendo política suja com os cadáveres.

*É na guerra que se conhece o soldado*. No treinamento é fácil. Ser soldado no quartel é fácil. O difícil é quando vai para os campos de batalha. É quando do outro lado tem um inimigo mortal. Os heróis nascem diante da linha do fogo e não nos quartéis.

Nas lutas contra a dependência química é a mesma coisa. É muito fácil ser pai de filhos obedientes, disciplinados e responsáveis. O difícil é quando nos deparamos com um filho afundado nas drogas com todas as repercussões que isto provoca. Alguns familiares diante deste desafio encontram forças para enfrentar esta guerra e buscam ajuda. Outros não conseguem e preferem se omitir.

Talvez este seja o único ditado que é de minha autoria. Senti a necessidade de escrever sobre ele, principalmente por causa do momento que estamos vivendo. Precisamos de soldados fortes, destemidos, inteligentes e focado no combate ao inimigo. Não precisamos de soldados que fazem intrigas, fofocas e confusão na linha de frente do pelotão.

Nestes momentos precisamos unir nossas forças. Quem tiver condições de ficar em casa fique. Quem precisar sair para trabalhar saia, mas tome todas as precauções. Manter o distanciamento, usar máscaras, carregar álcool em gel, lavar sempre as mãos e evitar aglomerações como festas, reuniões familiares, passeios, etc.

Da mesma maneira, as famílias que enfrentam o desafio de conviver com um adicto deve se preparar, se fortalecer tratando da sua codependência até ter condições de tomar as medidas adequadas para influenciar positivamente na vida do dependente.

– Soldado! Não fuja da guerra!

*SE VOCÊ NÃO CIRCULAR, O CORONAVÍRUS TAMBÉM NÃO CIRCULARÁ.*

## 66 Não se cozinha arroz com palavras

Achei interessante este ditado. Recentemente tive acesso a ele através do número do WhatsApp de um amigo meu. Já tem alguns meses que reflito sobre o conteúdo dele. Sempre que vou para a cozinha fazer arroz fico pensando na sabedoria destas palavras e hoje estou tendo a oportunidade de compartilhar estas reflexões com o leitor. Os pontos que eu achei mais significativos são:

1 – *Palavras por si só são vazias*: pouca importância tem os discursos sem a prática. Já estamos calejados com políticos, vendedores e muitas pessoas que falam muito bem, são convincentes, portadores de dezenas de diplomas e especializações que, na hora de fazer alguma coisa de concreto não conseguem.

2 – *Cuidado com a retórica excessiva:* pessoas que falam muito têm a tendência de fazer pouco. Pessoas que alardeiam sua honestidade normalmente são pessoas desonestas. Pessoas honestas não fazem propaganda de sua honestidade. Às vezes a *falação* possui uma função psíquica de esconder exatamente a sua desonestidade.

3 – *A ação é mais importante do que a falação:* é preferível você conviver com uma pessoa que cozinha o arroz sem falar do que com aquele que fala que vai cozinhar e não cozinha. Esta lógica nos convida a olhar para as pessoas conforme Jesus Cristo nos ensinou: "Pelos frutos conhecereis a árvore". Em outras palavras, se você quer conhecer uma pessoa não dê ouvidos apenas às suas falas, mas sim, ao mais importante: as suas obras.

4 – *Nem sempre bons oradores são bons profissionais:* qualquer pessoa que fizer um bom curso de oratória e praticar por um tempo esta arte vai se tornar um excelente orador. Discursos que cativam multidões, mas desprovidos de ações coerentes e concretas não vão "cozinhar o arroz". Existem muitos profissionais, em todas as áreas que possuem um profundo conhecimento da sua especialidade, porém, na prática são péssimos profissionais.

5 – *Além de ser técnico, temos que ser humanos:* o saber se constrói entre a teoria e a prática. Nesta dialética se constrói a sabedoria. As palavras neste ditado são teoria e cozinhar o arroz é a prática. A nossa formação técnica não pode ser desconectada da nossa formação humana. Muitas pessoas ficam apenas verbalizando o fazer "o arroz". Passam anos estudando nos centros acadêmicos e não vivenciam a realidade de colocar *o arroz no fogo para cozinhar.*

Pense nisto!

## 67  Um dia é da caça, outro do caçador

De novo, um ditado que nos traz a rotina do homem do campo. Todo caçador sabe que muitas vezes ele sai em busca do seu sustento e passa o dia inteiro atrás de uma caça e não consegue nada. Já em outros dias, o caçador consegue acertar vários alvos, compensando os dias anteriores de absoluto fracasso. Ninguém sabe direito o porquê deste fato. Sabe-se apenas que isso acontece.

Várias teorias tentam embasar tal fenômeno, mas são apenas suposições desprovidas de uma comprovação científica. Dentre várias, pode-se dizer que o resultado da caça depende do estado de espírito do caçador. Outras como o clima, a estação do ano ou mesmo os horários que o caçador opta por ir ao campo.

Não importa a causa, o que importa aqui é que este ditado nos convida a ser sempre positivos, acreditando que sempre o próximo dia pode ser melhor do que o dia anterior. Assim, acreditar e manter pensamentos otimistas pode fazer uma grande diferença em nossa vida.

Este ditado também chama a nossa atenção para aceitar os momentos difíceis que a vida nos oferece, deixando sempre a chama da esperança acesa de que tudo isso vai passar. Este princípio é fundamental para o nosso sucesso. Encarar os infortúnios como passageiros e necessários para o nosso desenvolvimento nos possibilita um crescimento emocional, profissional e espiritual inacreditáveis. Conseguimos sair da queixa e ir em busca da solução, construindo uma vida mais saudável, promissora e feliz.

Qualidades como perseverança, determinação, resiliência, humildade e disciplina são os frutos de quem leva este ditado a sério. A superação dos obstáculos, a certeza de um futuro melhor afeta nossa autoconfiança, nossa autoestima e o nosso estado de humor vai ficando cada vez melhor.

Um dia é da caça, outro do caçador: simples, objetivo e direto. O otimismo em forma de ditado. Vale a pena levá-lo a sério. Como você percebeu, os resultados são compensadores.

## CONCLUSÃO

Com raríssimas exceções, a maioria dos ditados populares sintetiza a sabedoria popular de centenas de anos. Mesmo as exceções retratam a maneira de olhar de uma época, trazendo tradições religiosas, culturais e costumes.

Assim, em cada um deles é possível fazer uma leitura psicológica baseada na vivência e no acúmulo de experiências que foram sendo passadas de pais para filhos. Espero que este livro possa ter resgatado um pouco a história dos nossos antepassados contribuindo para a formação da nova geração.

Seria muito bom que nossos filhos e netos tivessem acesso a este livro. Desta maneira, eles serão beneficiados com os ensinamentos e, futuramente, poderão compartilhá-los com seus netos e nossos bisnetos.

Para que esta corrente não pare, cabe à nossa geração divulgar estes ditados, estas reflexões. Leia em voz alta para as suas crianças, adolescentes e jovens. Compartilhe nas suas redes sociais. Presenteie seus colegas de trabalho, familiares e amigos com um exemplar deste livro. Caso não tenha recursos financeiros, tire xerox daqueles ditados que achar mais interessantes e passe para frente.

Visite o nosso *site* www.jornalcriartvida.com.br. Vários dos ditados estão lá disponíveis gratuitamente para serem baixados no celular ou no computador. Você poderá também imprimir e fazer quantas cópias quiser.

Espero que este livro tenha contribuído para seu enriquecimento cultural e assim possibilite melhor qualidade de vida para você e toda a nossa comunidade.

O meu eterno MUITO OBRIGADO!

**O Autor**

LEIA TAMBÉM DO MESMO AUTOR

**Livros**

– *O outro lado da droga*. Belo Horizonte: Fórum Social, 2020.
– *Preparando seus filhos para a vida*: um guia para os pais. Belo Horizonte: Fórum Social, 2019.

**Cartilhas**

1 – *Drogas, efeitos e tratamento*
2 – *Alcoolismo e os 12 passos AA*
3 – *Viva sem fumar – 14 dicas para parar de fumar*
4 – *Maconha: baseado de ilusões*

**CONTATOS COM O AUTOR**

*E-mail*: projetocriar@yahoo.com.br
　　　　 jornalcriartvida@gmail.com
*Site*: jornalcriartvida.com.br
*Youtube*: Criar-t vida: o canal da sobriedade
Redes sociais: Instagram e Facebook
@claudiomartinspsicologo
@jornalcriartvida
Telefones: (31) 4109-1192 e (31) 99206-2492

**SE VOCÊ OU ALGUÉM QUE CONHECE
PRECISA DE APOIO NA LUTA
CONTRA AS DROGAS,
PROCURE AJUDA:**

**Associação Família de Caná**
(31) 3462-9221
*Site*: familiadecana.com.br

**Federação do Amor Exigente**
*Site*: amorexigente.org.br

**Alcoólicos Anônimos**
*Site*: aamg.org.br

**Al Anon**
*Site*: al-anon.org.br

**Narcóticos Anônimos**
*Site*: na.org.br

**Nar-Anon**
*Site*: naranon.org.br

Esta obra foi composta em fonte Palatino Linotype, corpo 10
e impressa em papel Pólen Bold 70g (miolo) e Supremo 250g (capa)
pela Gráfica Star7, em Belo Horizonte/MG.